U0029813

進步的密碼

：由社會發展的動態規律，
解碼人類社會的終極奧義

作者◎鄭南雁

作者簡介　鄭南雁老師

鄭南雁，德朧集團董事長和首席執行官，魔方生活服務集團董事長，鷗翎投資的創始合夥人、董事。

畢業於中山大學電腦系，中山大學嶺南（大學）學院EMBA，在讀長江商學院DBA。2005年創建7天連鎖酒店，2009年成為第一家在紐交所上市的中國酒店集團，「7天」發展成為中國最具規模的經濟型酒店品牌之一。2013年聯合投資機構凱雷集團、紅杉資本，創辦中國多品牌酒店集團「鉑濤酒店集團」。

2020年，創立百達屋生活方式實驗室，並通過私有化開元酒店集團，重組成立德朧集團，德朧是中國規模最大的高端商務和休閒度假酒店集團。

鄭南雁先生是中國酒店業的旗幟性人物，先後榮獲「中國酒店業最佳創新人物」「贏在未來・商界領軍人物」「中國飯店業十大影響力人物」「改革開放中國酒店四十年四十人」等榮譽稱號，是唯一榮獲《時代周報》和中國市場學會共同舉辦的「首屆行銷盛典」「十大時代行銷人物」稱號的酒店業人士。並在美國著名商業雜誌快公司FastCompany中文版刊發其在中國地區的第一個創意人物榜單之中當選中國商業最具創意人物並榮獲「中國酒店業傑出企業家獎」。榮獲「2009年度廣東商業風雲人物」「2011粵商菁英年度人物提名獎」「2012年度中國酒店行業領袖人物」等等榮譽稱號。

穿透歷史迷霧，演繹發展動因

接到南雁邀請，讓我為他這本《進步的密碼》書寫一個序言。在閱讀內容前，我不禁有些好奇，畢竟我與南雁相識多年，也和他在攜程共事多年，對他也頗有瞭解，但確實沒有預想過，像他這樣一位IT專業出身的企業家，會想到去寫一部關於人類歷史之中社會科學演變發展的著作。當我拿到此書的手稿，認真閱讀後，對南雁寫此書的立意與初衷，終於有了些微的認識和瞭解，對南雁針對商業發展思考的歸納以及南雁對企業發展、經濟進步的拳拳赤子之心，也有了充分感受與體悟。

因為曾和夥伴們一起創立了攜程，在攜程成功上市並成為中國最大的旅行服務公司後，我卸任了攜程 CEO 的職位，前往美國斯坦福大學攻讀經濟學博士和博士後學位，期間重點關注和研究社會發展中的人口問題和企業創新的問題，結合各國的經驗和中國發展的特點，論證中國人口發展政策與經濟之間的關係，完成學業回國後，我重新掌管攜程業務，並擔任北大的教授。在帶領企業發展的實踐過程之中，我一直致力於研究人口和經濟發展之間的關係，並呼籲國家放開生育政策，以促進中國經濟後續動力。同時還發表了幾本普及我的研究內容的通俗著作，分別是:《人口創新力》、《中國人太多了嗎？》、《超低生育時代: 人口經濟學 15 講》，以及通過寓言故事，揭示了人類永生與可持續發展方面的很多值得深思的問題的寓言小說《永生之後》。這幾本著作和小說，都是以探討和研究人

類社會發展，以及如何推動社會創新和社會進步為主題的。

因此，在閱讀完南雁的《進步的密碼》後，我很欣慰的是，南雁也在思考和我同樣的問題：刺激經濟發展的動因與資源配置體系的模型問題。南雁作為企業經營者，和學者們最大的不同點在於，他可以單刀直入地引入經濟學的交易概念，從交易的角度來審視歷史之中的文明演進背後的動因。他在本書之中建立一個「無買家」、「一買家」、「多買家」分配模型和運作系統，並通過這樣三個簡單的概念，把我們經常討論的社會進步，用抽象且簡約的圖樣方式來呈現，讓人能夠認識到經濟背後的原理。

從這本書中可以得見，人類社會，由周王朝的「血統至尊」到秦國開始實行「商鞅變法」的改革之後，秦王朝實力大增，終於為其「橫掃六合、一同天下」奠定了基礎。此前的周王朝，按照血統分配社會資源的「無買家社會」雖然穩定，但無發展的活力，在社會分崩離析之際，完全無法啟動民眾參與社會變革和發展活動的積極性。當戰國七雄並立之際，是秦國率先踏出了一步，以「一買家社會」的新型組織形態和資源配置模式，啟動了秦國民眾的積極性，為秦國統一六國奠定了各項基礎。

隨後，「一買家社會」為古老的東方社會，帶來了持續數千年的文明。在這段文明發展延續的過程之中，雖然「一買家社會」在儒家理論支撐下，進行形態上的不斷挑戰，但隨著商業社會的萌芽和發展，人們又開始呼籲新的資源配置模式和社會組織形態，「多買家社會」在這樣的前提下，終於應運而生。

歲月不居，時節如流。人類從曾經的「無買家」社會走到現在的「多買家」社會，我們的生產能力、人口已經比之前增加了幾萬倍，而我們的生活方式，也發生了翻天覆地的變化。

　　多買家自由買賣系統，徹底打破了社會資源的壟斷，社會資源的流動，對合理分配，激發創造力，增加社會財富在增量有著重要意義。而保障社會經濟持續向良性狀態發展，需要契約精神和法制精神。書中詳細列舉了文藝復興，大憲章，發現新大陸這些事件，對多買家體系形成所產生的巨大作用，以及美國立國建立多買家自由買賣的社會的過程，我們可以看出契約精神和法制系統，是人類目前最先進的多買家社會能夠有效運行的核心支柱。

　　中國八十年代改革開放，鄧小平同志強調社會主義法制；今時今日，習近平總書記強調堅持依法治國，中國經濟在改革開放的多買家社會變革能夠取得成功，中國社會飛速進步，快速富裕。

　　回顧過去，我們能更加清晰地看到：買家和賣家，都是一種可以流動的資源，交易系統的演變推動了資源的優化配置，推動了社會不斷向前發展、交易系統的進化決定了一個文明或國家的領先地位，並且，南雁還通過他的文字讓我們認識到，社會進步必須依靠著人的創造力，而人的創造力，須得由資源配置系統來調動和資源配置模式來啟動。

　　但是，我們今日雖然生活在一個物質和工具都格外豐富的世界，但如何建立更完備的社會形態，如何努力探索更好的合作方式和更完善的激勵模型，仍然是我們當下面臨的重要問題。

我想，過去應該不止一個人曾思考過歷史發展演進之中的某些關鍵節點，想要從這個動態變化的過程之中，找到可供我們參考、模仿、學習的關鍵因素。

　　或許是因為這個問題太深太廣，或許是因為探索這個問題的前置信息太過複雜，我一直沒有在市面上找到過能從歷史事件的變遷之中梳理人類歷史發展過程之中解讀社會資源配置形態變化模型的書籍，更別提還能從歷史大事件之中分析社會形態的模型變化，以及這些模型變化如何調動人性，調動人類參與發展積極性的書籍了。

　　因此，當我讀完這本《進步的密碼》時，令我感到非常高興的是，在南雁創作的這本書中，終於針對上述問題，給出了他自己的答案。他不但總結提煉出了社會形態發展的關鍵字，還用詳細、生動的案例演繹出了幾次社會分配形態帶來的社會發展的變化發展的實況。除了總結人類社會變化的模型之外，他還提出了「買家數量決定交易繁榮程度，而社會進步動力變化依靠於買家數量的增加」，他通過論述，不僅讓我們可清晰地看到不同激勵機制給社會進步帶來的動力程度，還可以讓我們看到，正是增量上合理分配的多買家制度帶來了創新力的爆發，才能使社會財富快速增長。

　　南雁正是從卷帙浩繁的歷史資料之中，找到了推動人類社會螺旋式前進的關鍵密碼。

　　不僅如此，他還在書中，用日本、印度、新加坡、中國四個國家的生動案例向每一個讀者展示了在勇於革新、開放發展的「多買家社會」裡，經濟發展如何被社會的組織形態和分配

模式啟動，人們是如何在這種激勵下燃起鬥志、接連創造財富奇蹟的。

找到社會發展的動態規律，解碼人類社會的終極奧義，是每一代先賢聖哲的目標，也是每一個前行者和先驅者們身體力行之事。

南雁也是這樣一個身體力行者。兩載鑽研，辛勤創作，終於寫成了這本《進步的密碼》。古人云，治大國如烹小鮮，從帝王之術、社會規律之中尋求能指導我們經營、發展的指導方法，是真正意義上的「降維打擊」。

我相信，每個經營管理者，每個善於思考的人，當你們翻開這本書時，一定能從這本書那些生動翔實的案例感知到閱讀的趣味，從其中述說的社會發展史之中升騰起對那些變革先行者的敬意，也能從作者深入淺出的說理思考之中，得到屬於自己的感觸和啟發。

梁建章

攜程集團創始人、北京大學光華管理學院教授

2021 年 12 月

推薦人簡介　梁建章 James Liang

梁建章先生是攜程集團聯合創始人之一，董事局主席，中國知名人口經濟學家，北京大學光華管理學院經濟學研究教授。

1999 年，梁建章先生參與創建攜程，自 2003 年起擔任攜程執行董事局主席，並於 2000 至 2006 年間，以及 2013 至 2016 年間，擔任集團首席執行官。在他卓有遠見地領導下，攜程集團成功實現呼叫中心到線上，再從線上到移動互聯網的轉型，完成了多項關鍵的行業戰略投資，孵化及投資了新的商業模式，並建立了行業領先的運營標準和流程。目前，攜程集團是全球領先的一站式旅遊服務平臺。

梁建章先生目前擔任同程藝龍（香港聯合交易所：0780）的董事會聯席主席，同時也是多家上市公司的董事會成員，包括首旅酒店（上交所：600258）和 MakeMyTrip（納斯達克：MMYT）等。

憑藉在旅遊行業的突出貢獻，梁建章先生獲得了眾多榮譽，包括：2020《環球時報》文旅領軍人物，2019 富比世中國發展年度商業人物之跨國經營商業領袖，國際知名財經雜誌《機構投資者》2016 年度全亞洲互聯網行業最佳 CEO，2016 年新浪十大經濟年度人物等等。

在中國人口和社會、創業創新研究領域，梁建章先生也頗有建樹。近年來，他推動了中國人口政策的調整，喚起公眾對教育、老齡化、城市規劃等問題的關注。為此，曾出版了數本著作，包括：《中國人太多了嗎？》《中國夢呼喚中國孩》《人口創新力》等基於學術研究的書籍，以及人口寓言小說《永生之後》，並與研究夥伴合作撰寫 300多篇人口問題的文章。2021 年，梁建章先生推出《超低生育時代：人口經濟學》系列音訊節目，呼籲社會各界去正視三胎政策放開後依然存在的低生育率、老齡化等現實問題，倡議政府積極鼓勵生育。

在創立攜程前，梁建章先生於 1991 至 1999 年間就職於甲骨文公司，並在美國和中國兩地歷任多個技術和管理職位，包括於 1997 至1999 年間擔任甲骨文中國區諮詢總監。梁建章先生持有斯坦福大學經濟學博士學位，以及佐治亞理工學院碩士和本科學位，也曾就讀於復旦大學少年班。

從「進步的密碼」看如何進步

南雁是長江商學院的 DBA 學員，作為他的博士論文導師，我有幸在課堂內外對他有了更多的瞭解。知道他是攜程的元老之一，後來辭職創業，打造了 7 天連鎖酒店，成為第一個在美國上市的中國酒店集團。後來他又連續創業，探索新的商業機會。於此同時，他還是足球愛好者，博士論文研究的是中國足球的青訓體系。然而，這些認知都是零散了，也相對表面。直到南雁發給我他寫的這本書，讀下來，才讓我覺得對這個人，對他的思想，有了系統的瞭解，讓我可以更好的串聯起來之前的星星點點，也給我帶來很多啟發，到底什麼推動人類的進步？我，我們，該怎麼做，才能持續進步？

作為企業家，南雁從經濟學的視角，用交易的概念來解釋人類的演進。簡單而言，就是人類社會如何隨著交易變得越來越具有流動性，從而得到發展。從秦以前的「無買家社會」（即，所有的財富，資源，由君王，貴族統一分配），到之後的「一買家社會」（即，老百姓可以通過努力，從君王／貴族手中獲得賞賜），到再之後的，也是目前世界上最普遍的「多買家社會」（即，政府不再是市場上唯一的買家。每個人可以通過自身的努力，獲取財富，地位等）。從「無買家」到「一買家」再到「多買家」，從本質上講，有效地調動了人的內在

動力，讓每個個體有更大的意願去努力工作，促進了協同效應，提高了效率，進而推動了經濟的發展，國家的強大，以及人類文明的進步。 這無疑是一個獨特的觀察視角，也很巧妙地用一個簡單的經濟學概念幫我們解釋了人類經濟文明進化的背後邏輯，讀後很受啟發。

但在書中的最後，南雁也提到全球經濟的高速發展，對於經濟利益的過度追求，也帶來一系列的問題，比如、貧富差距的加大，環境的惡化，社會的分裂，等。那下一步人類進步的密碼又在哪裡？除了通過交易體系的完善調動每個人的積極性，是否還應該關注其他的因素？

在這本書中，南雁提到古羅馬哲學家／政治家，西塞羅，的觀點，他強調國家存在的基礎是正義，一旦偏離了正義，國家將走向滅亡。稻盛和夫說：「利他」是經商的出發點。近些年來，在中國以及全球範圍內，對於好企業的衡量標準也從單純地關注經濟指標，過渡到兼顧企業對於社會以及環境的影響……或許在人類進步的密碼裡還應加入「利他」，「向善」以及「愛」的因素。這些看似與弱肉強食的商業社會不相匹配的詞彙也許恰恰是當下更加需要的，尤其是隨著科技的迅猛發展，在人類能力越來越強的同時，也更需要我們能平衡好人與人，人與社會，以及人與環境的關係，從而延續人類文明的進步。

特別開心的是，南雁以導師的身份參與了我在長江商學院推出的「社會創新與商業向善實踐課堂」。作為一名導師，他在身體力行地幫助年輕的企業家踐行商業向善，引導他們義利兼顧，通過商業的模式解決社會問題，讓企業在可持續發展的同時，成為社會進步的重要力量。也許在這個過程中，他可以探尋出下一步進步的密碼，也給他人帶來啟發。

朱睿

長江商學院 EMBA 項目副院長

市場行銷學教授、品牌研究中心主任

2021/12/08

推薦人簡介　朱睿

　　朱睿教授現為長江商學院市場行銷學教授、社會創新研究中心主任。加入長江商學院之前，曾任加拿大英屬哥倫比亞大學（University of British Columbia）市場行銷系副教授、系主任，以及美國萊斯大學（Rice University）市場行銷系助理教授。2003 年於美國明尼蘇達大學（University of Minnesota）獲得商業管理博士並輔修心理學專業。她對行為科學，行銷策略，和社會創新領域有很深的造詣。她的研究成果被發表在世界頂級學術期刊上，包括，科學 (Science)、消費者研究雜誌 (Journal of Consumer Research)、和市場研究雜誌 (Journal of Marketing Research)。她現在擔任市場研究雜誌 (Journal of Marketing Research) 和市場雜誌（Journal of Marketing）的副主編。她於 2020 年出版了《未來好企業：共益實踐三部曲》。

2000 年，我有幸在中國大陸的第一波互聯網創業高潮到來時加入了攜程旅行網。攜程網的聯合創始人，一位是兼任董事長的沈南鵬，幾年後和全球著名的紅杉基金合作，創立了紅杉中國基金。後者不僅在過去的十五年裡投資了無數的中國創業公司，幫助它們成為各自行業的領頭羊，而且在此過程中不斷壯大自身，成為執中國投資界牛耳者。另一位聯合創始人是兼任首席執行官的梁建章，在這位公認的「IT 神童」的帶領下，攜程從業務單一的互聯網訂房公司發展成為全球最大、最優秀的旅行服務集團。十四億中國人的足跡，不管延展到五大洲的哪個角落，都離不開攜程旅行網提供的服務。攜程還有一位聯合創始人，季琦先生，如今中國最成功的酒店集團華住酒店集團，便是他在於 2004 年創立的。

在幾位先生的影響和鼓舞下，2004 年，我從攜程旅行網市場行銷副總裁的職位上離職，開始籌畫自己的事業。一年之後，我創立了 7 天連鎖酒店；又過四年，即 2009 年，「7 天酒店」在紐約證券交易所上市，成為紐交所上市的第一家中國酒店集團。2013 年，我又聯合凱雷和紅杉組建了綜合性的酒店集團，鉑濤集團，將 7 天酒店從紐交所私有化。2019 年，隨著鉑濤集團完全併入錦江酒店集團，錦江遂成為了全球客房規模第二大的酒店集團。

改革開放不過短短四十年，而中國經濟從文革後的滿目瘡痍，到長達二十年的摸著石頭過河，再到加入 WTO 駛入發展

的快車道，直至一躍成為全球第二大經濟體，幾乎每天都上演著各式各樣的奇蹟。兩千多年來，中華文明一直以儒家思想為根，重視農業、輕視商業，然則，若是論對價值觀和社會形態的影響力，恐怕最近二十年的經濟騰飛更大一些。

我大學本科學的是電腦軟體專業，作為一個「非典型」的理科生，一直對歷史類的知識情有獨鍾。我人生的黃金 20 年，也是親歷中國經濟奇蹟的 20 年，見之、聞之，不免常常復盤、反思和總結。到底是什麼，讓中國的社會和經濟取得了如此巨大的進步呢？

2019 年，我開始著手理清思緒，對平日思考得到的零碎結論進行歸納、梳理與推演，於是便有了此書。

縱觀五千年、放眼海內外，個體的際遇有時取決於小機率事件，群體的進步則必然有規律可循。按照古人的說法，這種規律便是家國之「氣運」。《進步的密碼》，就是我「氣運」的思考與呈現。

人類作為一個自然物種出現，已逾百萬年，有文字記載的歷史不過區區五千年。五千年文明發展史裡，東西方文明發展的進程中有諸多巧合。比如在地球兩端毫無往來的兩三千年前，西方古羅馬的輝煌之際，亦是東方春秋戰國的豐盛之期；西方羅馬帝國分崩離析之時，亦是東方華夏步入南北對立之日；比如僅僅相差十四歲，幾乎可以稱作「同齡人」的孔子與釋迦牟尼，一個創了中國文化的核心價值體系——儒學，一個創立了世界三大宗教之一——佛教。縱覽歷史，會發現文明的

生命週期存在許許多多的偶然性。比如，璀璨的瑪雅文化悠忽而逝，強盛的隋朝一夜傾塌。學者們投身於研究巧合背後的原因，希望能總結出偶然背後的必然規律，以解釋人類文明之脆弱，以及如何在脆弱的文明微光之中不斷向前。古羅馬著名哲學家和政治家西塞羅曾在他的傳世名作《論國家》和《論法律》中闡述了國家出現的根源和意義。西塞羅認為：國家存在的基礎是正義，一旦偏離了正義，國家將走向滅亡。強調道德之於社會發展的不可替代性，貫穿著西塞羅的整個思想體系。

我既不是哲學家也不是人類學家，但是我被西塞羅思想之純粹、顧慮之深遠深深地打動。兩千多年後的我們，已經能從王朝的興衰之中理解道德在國家建設中的剛性意義，也明白道德不是江山社稷的護身符，否則很難解釋秦始皇為何會靠著那利用人性弱點的變革來一統天下，也很難解釋元順帝為何會喪國亡身。類似地，客觀因素如時間優勢、地理優勢和資源優勢，也不是一個文明、一個國家能夠持續領先和生存的根本原因。既然客觀條件和主觀道德層面，都不是絕對因素，那究竟是什麼決定了一個文明、一個國家能夠持續發展、不斷進步？

在試圖回答這個問題之前，我想先提一提三個廣為人知的事實。

第一個事實是——二戰後，美國、日本和所有歐洲發達國家（不算地處亞洲的歐盟國家賽普勒斯）本土未再發生過戰爭或政變。

第二個事實是——從 1894 年至今，美國這個年輕的國家，GDP 已持續領先世界各國 126 年，人均 GDP 也是長期居於大

國首位。

第三個事實是——漢代開始（更早的時期已難以從資料上考證），中國與古羅馬遙相呼應、國力稱霸東西；唐宋時期，中國人均 GDP 遠超歐洲、處於世界領先水準，但自 14 世紀初開始，長期落後於義大利等主要歐洲國家。

帶著對這三個事實的反思，我在歷史之中尋找答案。下面一個小故事給了我啟發。

《列子・湯問》裡講述了這樣一件事：兩個小孩攔住孔子，向他請教問題。一個小孩說，早上的太陽宏大，中午的太陽則小上許多，按照近大遠小的原理，應該是早上的太陽離我們近。另一個小孩說，早上的天氣多少有些寒冷，中午卻溫暖起來，好比一盆熱水，離它越遠越不受影響啊。孔子一時語塞，不知道如何回答。

孔子雖然不懂科學道理，但是他仍然在努力探索這些問題。我相信，這些人類文明發展的規律，曾經有無數人探討過，以後還會有很多人探討。

和學者們不同，我是一名企業經營者，職業決定了我的思維方式是結果導向的。我以為，文明的種種表徵都是被加過密的資訊，唯有從底層入手，才能找到令人豁然開朗的規律；圍繞這種規律，可以建立一種新的視角，一個多數人可以理解的、認識文明的模型。

因此，我在《進步的密碼》直接引入經濟學的交易概念，從交易的角度來看歷史之中的文明演進，這樣文明便會顯示出另一幅面貌來：說到底，所有文明，都有買家和賣家，都是一

種可以流動的資源，交易系統的演變推動了資源的優化配置，推動了社會不斷向前發展、交易系統的進化決定了一個文明或國家的領先地位。

在中國秦以前的血統分封年代，貴族的譜系更像是一棵大樹，每生出一個新的枝丫，都必須想辦法安置它。貴族們一出生，就擁有封地、軍隊，以及在自己的封地上收取稅賦之權。等到打仗的時候，也是他們從庫房裡拿出糧草、帶著手下奔赴戰場。百姓和貴族，是兩套沒有互聯交通的運轉體系。在百姓看來，戰爭啊、天下啊，都是貴族們才需要考慮的事。如果將天下比作一個商場，那麼，他們只是街道上的行人。行人們縱使偶爾看一眼櫥窗，也知道跟自己無關，櫥窗只是陳列貴族自己的商品，不做交易。對這種社會形態下一個定義的話，就是沒有交易的無買家社會。

秦國地方偏遠、人口不多，雖然孝公有稱雄天下的志向，但是，拔劍四顧，自己的國家好像真沒什麼拿得出手的。恰在這時，一個人來到了秦國，說了一番話，做了一番事。來者，叫做公孫鞅；他說的那番話，核心意思非常簡單，「要想強大，必須變法」；商鞅變法的內容非常多，總結起來，其實只說了一件事：學得文武藝，貨與帝王家。商鞅變法打開了這個通道，促進了「靜止的貴族社會」向「一買家社會」轉變。於是，忽然之間，秦國的民眾可以通過戰爭獲取金錢，甚至是爵位。這就好比一個行人，冷不丁發現那些自己手上的東西，只要老闆喜歡，就可以賣個好價錢，焉有不動心的道理？商鞅變法，打破了以血統為價值基礎的社會利益分配機制，將之從

「無買家社會」推向了以能力為價值基礎、皇權為最終裁判的「一買家社會」。

　　一買家社會，說白了是要尋求君王的賞賜，是一種對存量的分配；隨著君王手裡的東西越來越少，百姓們的幹勁兒自然越來越低。

　　新的利益分配機制創造了競爭和流動的環境，極大地釋放了各階層民眾的能量，使秦國得以迅速崛起，秦始皇進而一統天下。建立在秦始皇創造了新型社會結構基礎之上，漢武大帝通過推行儒術統一思想，全面奠定華夏大地延續了兩千餘年的政治體制。西方的羅馬，新當選的執政官馬略為了提升國力，開始推行打破世襲貴族階層的改革，亦使羅馬從「無買家社會」進入了皇權一統的「一買家社會」，支撐了羅馬的持續擴張以及文明走向極盛。可惜的是，羅馬未能像漢朝一般建立統一的思想體系，在隨後的軍閥混戰中倒退回了「無買家社會」——近千年黑暗、落後的中世紀。將天下都放到君王手掌之中，君王可以根據民眾的能力進行賞賜。

　　君子之澤，五世而斬。中國的專制王朝，都採取一買家制度、都逃不過興衰之循環，難道是沒有理由的嗎？

　　中世紀後半期多次的十字軍東征，歐洲與遙遠的國家開始建立了貿易關係，貿易關係壯大了市民階層、促進了「人民的覺醒」。文藝復興三張「骨牌」，分別是哥倫布大航海、全球貿易之王荷蘭共和國的誕生、英國《自由大憲章》對法治思想的確立。哥倫布大航海基於平民可貴的勇氣、打破了本國的血統分利機制，通過開疆拓土和發展貿易打開了基於契約精神

的「多買家」大門。脫離西班牙而成立的荷蘭共和國，成為了全世界第一個「賦予商人階層充分政治權利的國家」，開啟了歐洲社會新的篇章——平等平權和結果致勝。英國《自由大憲章》的簽署，初步確立了法治與自由的基本原則，將「多買家」這一底層分配機制固化了下來。文藝復興使當時的歐洲人重新擁有了發現美好的信念和努力進取的勇氣，使得人們更珍視自身價值。「人生而平等」這一樸素觀念開始逐步深入人心，逐漸引發了深刻的社會裂變，歐洲的經濟實力和文化發展自此開始超越東方停留在「一買家」階段的中國。明朝的萬曆皇帝去世那一年，一艘小船在地球的另一面揚帆起航，乘客們的目的地是美洲新大陸。他們在普利茅斯登陸，建立了殖民地，簽署了《五月花號公約》。《五月花號公約》將政府視作協調者、仲裁者，而不是市場上的買家；相應的，每一位民眾都可以通過自己的努力，獲取財富、名望，甚至上升到決策層。由此，民眾的身份再次變化，既不需要擔心自己買不起東西，也不必指望誰的賞賜——誰行誰上，一切都是結果說了算。這便是典型的「多買家社會」。

「多買家社會」讓資源流通越來越快，讓人與人之間的聯繫越來越多，對人的積極性的調動更強、組織形式更靈活，創造效率也更高，因此，最早實施「多買家社會」的美國不斷發展，不僅疆域大大增加，也成為現在的經濟、科技、文化等多位一體的超級大國。

隨後，日本、印度、新加坡，都開始學習「多買家社會」的模式，極大提升了國力，紛紛走上了經濟騰飛之路。

前文提到的三個事實，答案都是源自這些國家實施了社會變革，造就了一個「青出於藍而勝於藍的多買家社會」。近年來，戰爭、政變這些破壞性因素逐漸減少，人和人之間的合作越來越多，這意味著多買家社會具備自我修復和良性反覆運算的能力，且相比於「無買家社會」和「一買家社會」是趨於長期穩定的。

　　作為一名企業的經營管理者，我很自然地會聯想到「無買家」、「一買家」和「多買家」交易系統在企業管理裡的映射。巴納德說：「領導者的業績不在於個人有多能幹，而在於能否把全體成員積極性調動起來。」

　　這幾年，全球經濟受越來越複雜的環境影響，開始分裂、多元，走向新局面和新態勢。在風險和機遇並存的世代裡，每個立志更進一步的企業家、科學家、學者們或多或少地都思考過人類社會的去向問題：如果有一天，我們對利益的追求超出了地球的承載限度，該怎麼辦呢？人工智慧、航空探索，會帶來新的機遇嗎？

　　我相信，只要勤於思考、善於學習、真抓實幹，人類憑藉自己的求知精神和探索勇氣，在未來的某天，一定能手闢鴻蒙，找到更適合我們這個社會發展的模型和道路。

　　仰望星空，暢想未來，我們的征途是星辰大海。

鄭南雁
2021 年 11 月 9 日

第一部分

由「無買家社會」
向「一買家社會」的跨越

內容摘要：「商鞅變法」帶來了新的社會資源配置模式，在這種激勵模式下，秦人奮勇作戰，人民生產積極性極高，促使秦國的迅速崛起，最終一統「六國」。

第一章・南門之木：中國千年變局之濫觴

我們每個人每一天都在經歷歷史：我們從手機、電腦、電視上看到的那些轟動一時的新聞、事件，都會慢慢地變成歷史書上一行行沉默的、小小的鉛字。

從長達數千年的人類文明史來看，這些所謂的「大事件」如同恒河之沙，多到數都數不清。

事實上，絕大部分在當時看起來很嚴重的事，放在浩如煙海的歷史典籍中審視也許微不足道。

要從無數歷史大事件中篩選出那些真正引發社會裂變、改變歷史走向的事件節點，無疑是一件很困難的事情。而我們今天要做的，就是嘗試從紛繁蕪雜的歷史事件中找到那些引發裂變的真正節點，從而釐清社會發展的脈絡，探尋那些隱藏在歷史記載背後的真因。

第一個故事，要從一根看起來不那麼起眼的木頭開始說起。

1. 扛根木杆一百萬

周顯王十年（西元前 359 年），秦國國都櫟陽。

這一年是秦孝王繼位的第三個年頭了。一天，櫟陽市集的南門邊忽然不聲不響地樹起了一根六米多高的大木杆子。

這可不是一根普通的木杆，木杆上貼有一張招募令，招募令上說，樹立這根木杆的人要招募勇士，誰能把這根木頭從此處搬到市集的北門，就能得到十金賞賜。

　　這個奇怪的要求，引得圍觀的眾人議論紛紛。

　　先看看這根木頭。戰國時秦國一丈約為 2.3 米，這根木杆如果以直徑 10 公分算，大約是二十分之一立方米，重量應該在 40~60 公斤，一個強壯的青壯年男子可以輕鬆扛起。

　　再來看看賞賜：秦國時候的 10 金，就是 10 鎰黃金，一鎰是 20 兩，1 兩黃金可以買 12 石粟，1 石粟約為 27 市斤，10 金可以買 6 萬多斤粟。秦國的粟相當於現在的大米，按米價 4 元每斤來算，6 萬多斤粟相當於現在 26 萬元左右的鉅款！

　　一件幾乎只要是個成年人就能做到的事情，竟然還能讓人輕輕鬆鬆淨賺數十萬元，按理說應該很多人爭著幹才對。然而，圍觀的眾人卻只是指指點點，誰也不敢上前。

　　或許是他們覺得這事兒太不合常理，害怕自己一不小心就鬧了笑話。

　　沒過多久，賞金被提高到了 50 金，按今天的價值來說都相當於百萬元的鉅款了。俗話說：「重賞之下，必有勇夫。」此時終於有個人站了出來，把木頭從南門扛到了北門。結果，負責的官員竟然真的當場給他發放了約定中不菲的賞金。

　　這個事件很快傳遍了整個櫟陽城，乃至於整個秦國。這就是「徙木為信」這個典故的由來，而整件事背後的主導人正是大名鼎鼎的商鞅——當時他還叫公孫鞅。

關於這事兒，《史記》裡是這麼寫的：

「令既具，未布，恐民之不信已，乃立三丈之木於國都市之南門，募民有能徙置北門者予十金。民怪之，莫敢徙。復曰：『能徙者予五十金。』有一人徙之，輒予五十金，以明不欺。卒下令。[1]」

這段話的大意是：公孫鞅想要發佈一道法令，但他怕民眾不相信自己，就派人在國都櫟陽集市南門立了一根三丈長的木頭，用 10 金的懸賞招募能把木頭從南門搬到北門的人。民眾都感到很奇怪，沒有人敢去搬。公孫鞅又說了：「給能搬木頭的人 50 金。」有一個人搬了，立刻就被賜予了 50 金。公孫鞅這麼做，是想通過這件事告訴秦國民眾，作為官方代表的他言而有信，說要幹什麼，就要幹什麼，絕不是說著玩的。

此事過後沒多久，公孫鞅就頒佈了自己草擬的新法令。這道法令名為《墾草令》，是公孫鞅此後一系列變法的開端。《墾草令》有什麼特別之處，為什麼公孫鞅要先煞費苦心地演一齣「立木建信」的大戲來贏得民心呢？我們不妨一起來看看這部《墾草令》的內容。

「墾草」的意思，是開墾長草的荒地。從字面意義上理解，這是一個與農業相關的法令。整部《墾草令》總結起來就是一句話：開荒拓野。其主要內容是：增加農民數量，使全國各行各業的人都從事農業；禁止農民購買糧食，迫使農民專心務農；甚至取消影響農業生產的娛樂活動。如此一來，「則草

1. 司馬遷：《史記》中華書局，2006 年。

必墾矣」。強調農業並不難理解，國家要發展，人民要安定，糧食充足是最根本的前提。

秦國國力後來因變法而日益強盛，前期的《墾草令》功不可沒。雖然它大部分篇幅都是在講農業開荒種地、支持農業生產的相關內容，但從大歷史的角度來看，真正讓當時的秦國社會開始發生裂變的，主要有下面這幾條：

第一條：「祿厚而稅多，食口眾者，敗農者也；則以其食口之數，賦而重使之，則闢淫遊惰之民無所於食。[2]」

第二條：「均出餘子之使令，以世使之，又高其解舍，令有甬官食，概不可以闢役，而大官未可必得也，則餘子不遊事人，則必農。農，則草必墾矣。」

第三條：「無得取庸，則大夫家長不建繕。愛子不惰食，惰民不窳，而庸民無所於食，是必農。」

大致意思是：

第一，士大夫貴族的俸祿高並且收稅多，吃閒飯的人也眾多，這很不利於農業生產。所以，要按豢養食客的人數向貴族、官吏收稅，讓那些遊手好閒、無所事事的人沒法混飯吃，這樣他們就會乖乖地去耕田種地。

第二，除卿大夫、貴族嫡長子以外的貴族弟子，需要擔負國家的徭役賦稅，順序根據輩分來定，他們需要的糧食從掌管服役人員的官吏那裡領，讓他們沒法逃避徭役，這樣他們就

2.《商君書》，石磊譯注，中華書局，2011 年。

沒法四處遊說或投靠權貴，只有去務農，荒地也就能得到開墾了。

第三，不准貴族士大夫雇用雜役，他們嬌生慣養的兒女不能不勞動只吃閒飯，就一定會去務農。這些人不偷懶，原有的農田不荒蕪，農民就會更加努力地從事農業生產。

這「一刀切」下去可是夠狠的，不僅削減貴族勢力，還讓貴族子弟親自去務農。難怪公孫鞅剛到秦國的時候，那些貴族就不給他好臉色看。

秦國的貴族代表甘龍、杜摯，聽到變法風聲之後跳出來反對。他們認為「利不百不變法，功不十不易器」「法古無過，循禮無邪」。周禮那一套是祖宗傳下來的，用了好幾百年都沒變過，你一個小小的公孫鞅來了，法令就要改嗎？

面對甘龍、杜摯的刁難，公孫鞅針鋒相對，毫不退讓。他說：「前世不同教，何古之法？帝王不相復，何禮之循？」「治世不一道，便國不法古，故湯武不循禮而王，夏殷不易禮而亡。反古者不可非，而循禮者不足多」，因此他主張「當時而立法，因事而制禮」[3]。簡單來說，公孫鞅認為，時代不同了，觀念也應該與時俱進，周禮那一套現在不能完全照搬。

由《墾草令》開頭，其後公孫鞅在秦孝公的支持下繼續頒佈了一系列變法的法令，砍向貴族們的刀鋒也越來越利——先前法令只不過是試試水而已，後面的這些才是玩真的。

---

3. 司馬遷：《史記》中華書局，2006 年；《商君書》，石磊 注譯，中華書局，2011 年。

2. 想拿爵位？人頭來換！

據說公孫鞅來秦國的時候，隨身只帶了一本書，就是魏國李悝的《法經》。李悝可是公孫鞅的偶像，戰國時代的「法治先鋒」。李悝提出了「重農」和「法治」，這兩個理念對戰國時代的法家學派之人的影響很大。

《墾草令》頒佈三年後，也就是周顯王十三年（前 356 年），秦孝公任命公孫鞅為左庶長。隨即，公孫鞅以《法經》為本，在秦國國內開始了第一次變法。

商鞅變法比起《墾草令》內容又豐富很多，包括獎勵農耕、激賞軍功、統一治權、正民易俗等各個方面的內容，幾乎涵蓋了民生、軍事、政治等方方面面的內容。

可想而知，當時貴族們在看到這些法令之時的怨怒之情，但公孫鞅背靠了秦孝公這座大山，他們也無可奈何。

法令推行，秦國國勢日漸強盛。作為幕後老闆的秦孝公見到成效，自然對公孫鞅的工作表示滿意。不過，秦孝公不滿足於只在一時一地改革，他又將目光瞄向了櫟陽西南邊五六十公里外的咸陽。

咸陽位於關中平原中部，北依高原，南臨渭河，順渭河而下可直入黃河，經終南山與渭河之間可直通函谷關。可以說，這是一個直通中原的要地。周顯王十九年（前 350 年），公孫鞅奉秦孝公之命徵調士卒，按照魯國、衛國國都的規模修築冀闕宮廷，營造新都，同時在秦國國內進行第二次變法。

第二次變法的動靜也不小，除了統一度量衡制、編訂戶口按戶徵稅、進一步加強小家庭政策之外，還有兩條對後來產生巨大影響的法令：

一是廢除井田制，「開阡陌封疆」。即，廢除土地國有制，國家承認土地私有，允許自由買賣。

二是普遍推行縣制，「集小都鄉邑聚為縣」。即，廢除分封制，設置縣一級官僚機構，以縣為地方行政單位。縣設縣令以主縣政，設縣丞以輔佐縣令，設縣尉以掌管軍事。「凡三十一縣」，縣下轄若干都、鄉、邑、聚。

井田制是一種古老的制度，從商朝到東周戰國時期，延續了近千年。正如《詩·小雅·北山》所說：「溥（普）天之下，莫非王土；率土之濱，莫非王臣。」根據井田制，一切土地都應屬於國家所有，周王是全國最高的統治者，也是所有土地的掌控者。

然而，春秋時期，由於鐵製農具的和牛耕的普及等諸多因素，井田制逐漸開始瓦解；及至戰國，東周王室失去實權，土地為各個諸侯國國王所有，井田制實質上變成一種以國有為名的貴族土地所有制。所以破除井田制，其實就是收回貴族們的土地。

推行縣制即地方直屬秦王，所有的地方官員都由秦王委派。貴族不能像以前那樣分封土地，也就失去了自治之權。

我們來梳理一下公孫鞅的變法脈絡：《墾草令》是屬於試探性的小打小鬧，敲打敲打貴族；第一次變法廢除爵位世襲，

這是拿掉了貴族的錢袋子；第二次變法廢除井田制、推行縣制，這是取走了貴族的地和權。錢、地、權三者相輔相成，互相聯繫在一起。公孫鞅三管齊下，讓整個社會的利益分配機制發生了巨變。一句話，公孫鞅破除了當時社會按血統分蛋糕的慣例。

貴族們當然不會就此善罷甘休，秦孝公十六年（西元前346年），也就是周顯王二十四年，秦國發生了「太子犯法」之事。太子是國家的儲君，不能施以刑法，所以，如今他犯法，等於給公孫鞅出了道大難題。不過，信奉法家學說的公孫鞅當時並沒有含糊退讓：不懲罰太子，就懲罰太子的老師。公孫鞅命人在太傅公孫賈臉上刺字（黥刑），又挖掉了公子虔的鼻子（劓刑）。要知道，公子虔可是秦孝公的哥哥、太子的伯父！這一刀挖下去，公子虔自覺沒臉見人，之後八年，再沒出過家門！這個仇有多大可想而知。

太史公司馬遷把公孫鞅懲治太子老師的行為稱為「執法從嚴，王子與庶民同罪」，但在當時的情境下，肯定不會像《史書》記載得那麼簡單。公孫鞅背靠秦孝公，他的行為從某種程度上來說，體現的是秦孝公的意志──秦國國君不會像以前一樣，對王公貴族們或妥協或縱容。他希望所有人都明白，君王才是國家真正的、唯一的「買家」。秦孝公鐵了心要變法，所有的反對聲音都在他的支持下由公孫鞅硬壓了下去，但這也為日後貴族們向君權反攻倒算埋下了伏筆。

六年之後（西元前340年），公孫鞅率秦趙聯軍擊敗魏國

公子昂。魏割河西之地與秦，將人民遷居至大梁。當年放走公孫鞅的魏惠王追悔莫及，只恨當時沒聽公叔痤的話把公孫鞅一刀殺了。

至此，公孫鞅的變法故事可以說迎來了大結局：他因為討伐魏國有功，封於商十五邑，得到了他名垂青史的著名封號——商鞅。

當然，秦國變法只是廢除了分封制的基本，沒有徹底取消分封制。商鞅自己的軍功就是用封邑來作為獎賞的。秦孝公時期的封邑，有一定徵兵的權力，不過比起之前已經大大弱化了。後來也有很多秦國顯貴是有封邑的，比如魏冉、呂不韋。直到秦王嬴政，也就是秦始皇上臺後，才徹底廢除了這一制度。

秦孝公死後，秦惠王即位，很快就開始對商鞅實行清算，以報當年的一箭之仇。商鞅回到自己的封地，雖組織了一部分軍力反抗惠王，卻無力回天，很快被強大的秦軍碾個粉碎。商鞅被滅族，本人也被施以車裂極刑。

商鞅變法後，「行之十年，秦民大說，道不拾遺，山無盜賊，家給人足。民勇於公戰，怯於私鬥，鄉邑大治[4]」。雖然他本人身死族滅，但是惠王卻並未廢除他頒佈的法令，此後秦國將「只有耕戰有功才能獲得賞賜和晉升」這條規定貫徹執行了下來。社會利益分配的新機制深入人心，成為秦國賴以崛起的國之根本。

---

4. 司馬遷：《史記》中華書局，2006 年。

3. 一買家社會，比拳頭的新遊戲

商鞅變法為什麼能激發出秦國如此大的能量呢？

顯然，人民是國家發展中最大的變數。如果能夠充分激發和引導人民的能量，國家和社會就能快速取得進步。

變法前，秦國遵循周禮，以血統分配社會資源。國家的土地、財富等於貴族們的封地、爵位，並且，隨著他們的血統一路向下傳遞。貴族們不缺錢糧，勢力強大。

按血統分配資源起自蒙昧時代，在任何一個文明中都出現過。秦王名義是秦國的國王，他所掌握的資源卻並非整個國家，因為各個貴族都有自己的封地和勢力。再者，貴族恒為貴族，平民恒為平民，各個階層完全固化，上升通道基本上沒有，社會四平八穩，一成不變。

如果把當時秦國當權者和人民當成是個人能力的買方和賣方，把整個社會看成一個大的個人能力市場的話，這個市場在變法前可以說是波瀾不興——社會財富完全被貴族階層把持，國君既然沒有分配社會財富的權力，也就沒辦法用社會財富購買平民能力。所以，當時的秦國社會沒有個人能力的買賣交易、不存在買家和賣家。這導致每個人都安於現狀，整個社會缺乏活力和動能——我們不妨把這種社會形態叫作「無買家社會」。

商鞅變法到底讓秦國發生了什麼樣的變化，使得秦國能夠成為一統天下的最終贏家呢？最關鍵的地方在於，商鞅的法令

打破按血統分配的既定規則，激發了秦國這個「大市場」的活力。

變法後，秦孝公作為國君，在秦國歷史上第一次真正掌控了全國的土地和財富。因而，在秦國市場中，秦孝公是唯一具備支付能力的買家。他一方面可以用賞賜去收購國民的智慧與勇武，另一方面，可以對購買作出規定，比如爵位不許世襲，任何國民都不能以爵位驅使別人為自己服務，不能持續完成目標者會被收回賞賜，杜絕第二個買家出現的可能。反觀周王的分封，一方面沒什麼規則，比較隨意，另一方面爵位是世襲罔替，隨血統一直延續下去、沒法再收回的。

這樣，秦王對於整個社會的支配能力就大大增強了，工、農、商、兵都按照秦王的設想，各司其位、為秦王效命。

所以，商鞅變法後的秦國社會形態不再是根據血統來決定地位的無買家形式，而是以君王作為社會唯一買家、其他人根據能力提升地位的「一買家社會」。

在這個「一買家社會」裡，商鞅留下了新的晉升制度和郡縣制作為政治遺產。秦孝公根據頒行的法令來分配爵位、土地、財物等資源，平民百姓可以憑藉對國家的貢獻來贏得這些資源，實現階級和財富的躍升，按血統分配資源的舊制度則被完全打破。激勵帶來活力，人們為國家做出貢獻的動力大大增強，相應地，國家收穫了更多的發展動能。

憑著手中爵位和土地，秦孝公推動了整個秦國社會的進步，也「買」來了無數秦國勇士，鑄造了一支所向披靡的無敵

雄師。而從「無買家社會」到「一買家社會」之轉變的更深層次分析，我們將會在後面詳細敘述。

商鞅可以說是人類最偉大的三位社會制度革命家之一。他的變法用「軍功授爵」取代「血統分封」，幾乎是整個人類歷史上唯一一次對血統分配制度的徹底顛覆。無論後人對商鞅這個人怎麼評價，他的變法都切切實實地改變了秦國，讓整個秦國社會發展步入快車道，打破了戰國時期各國相峙的均衡狀態。

其實，在商鞅之前，還有兩個人主導過類似的變法：一個是魏國的李悝，另一個是楚國的吳起。

李悝提出「食有勞而祿有功，使有能而賞必行，罰必當」，主張廢止世襲貴族特權。李悝的變法有一定的缺陷，比如對於「賞」的制度建設不夠，但它是中國歷史上第一次對世襲制度的挑戰，意義非凡。通過廢除世襲制度，一批對國家無用甚至有害的特權階層被逐出政治中心，而那些出身一般的人可因戰功或才能躋身政界；通過剝奪封君在食邑內的治民之權，封君的特權局限於衣食租稅，大大削弱了魏國「世卿世祿」的制度。李悝變法得到了魏文侯的支持。作為戰國諸侯中第一個變法的國家，魏國的實力在魏文侯、魏武侯時期達到了頂峰。然而，其後魏國經歷了混亂，繼位的魏惠王又白白放走了商鞅，魏國之變法僅推行了兩世就半途而廢了。

吳起變法同樣是削減爵祿、進而廢除貴族世卿世祿制，以及加強法制、整頓吏治和加強軍事訓練。《說苑·指武》

說：「（吳起）均楚國之爵，而平其祿，損其有餘，而繼其不足。」意思是對無功勞的貴族及其後代，實行均爵、平祿的政策，對立有軍功和其他有功的人員，則授予爵祿，提高將士們的積極性。楚國變法是持續時間最短的，楚悼王去世後，吳起就被貴族們射殺。儘管繼位的楚肅王誅殺了作亂的貴族，變法依然是難以為繼。

由此可見，舊有治理結構和利益分配機制的反噬力量是極其強大的。商鞅是一個足夠幸運的變法者，秦國變法成功最大的原因在於秦孝公。其在位的時間足夠長（前361年至前338年），決心和力度也足夠大，使得商鞅有一個相對充分的制度建設期，使得社會形態的轉變能夠最終成型。

正所謂：「王侯將相，寧有種乎。」無買家社會比的是血統和出生，結果無法改變；一買家社會比的是拳頭，後期可以調整。在一買家社會，國君作為唯一的大買家，君權的地位也隨之上升到了一個全新的高度。

一買家社會相對於無買家社會有著毋庸置疑的壓倒性優勢。在秦孝公的治理下，蛻變為一買家社會的秦國發展出了遠超其他國家的耕戰實力。破除資源配置的血統壁壘之後，秦人爆發出驚人的潛能。所謂「上下同欲者勝」，整個社會都被一種澎湃向上的分配願景所推動，奠定了百年後秦國橫掃六合、一統天下的根基。

4. 鐵血強秦：黑夫與驚的戰地家書

　　1975 年 12 月，在湖北省雲夢縣睡虎地秦墓中出土了大量竹簡。其中有一座不怎麼起眼的墓地，墓主人名叫衷。衷的墓中幾無長物，卻保存著來自兄弟們的兩封家書。正是這兩封短短的家書，為我們生動地再現了那段秦國橫掃六合的鐵血歷史。

　　衷的兩個兄弟分別叫黑夫、驚，信是從他倆的駐地淮陽（今河南周口市）寄往家鄉安陸（今湖北雲夢縣）的。

　　這兩封家書寫於秦滅楚的戰爭之中。秦國名將李信領兵20 萬攻打楚國，大破楚軍，攻佔楚國舊都鄢、郢，與蒙恬相會於城父。但楚軍在名將項燕的率領下緊緊跟隨秦軍，三天三夜都沒有停下來休息，終於大敗李信軍。

　　為了消滅實力雄厚的楚國，秦王嬴政親自去請老將王翦，將邊防之外所有能動員的軍馬都交給他。王翦得到 60 萬大軍，加之兩年的征戰，終於消滅楚國。

　　在征戰之前，驚剛剛新婚。他掛念自己的母親和妻子，囑託兄長衷好好照料她們，同時告誡兄長不要帶家人去「新地」，也就是秦軍新近攻陷的地盤。因為，楚國實力雄厚，對秦軍的反抗極為強烈，這些地方常常會被秦楚雙方反覆爭奪，很不安全。

　　在信中，除了對家人的牽掛之外，還有些頗值得關注的地方。

黑夫的第一封信裡是這樣寫的：

「……遺黑夫錢，母操夏衣來。今書節（即）到，母視安陸絲布賤，可以為襌裙襦者，母必為之，令與錢偕來。其絲布貴，徒（以）操錢來，黑夫自以布此。黑夫等直佐淮陽，攻反城久，傷未可智（知）也，願母遺黑夫用勿少。書到皆為報，報必言相家爵來未來，告黑夫其未來狀。聞王得茍得毋恙也？辭相家爵不也？書衣之南軍毋……不也？[5]」

大致的意思是，黑夫要家裡給他寄錢，請母親看下家鄉的絲布貴不貴。不貴的話一定要給他做整套夏衣，和錢一起帶過來；要是貴，只多送點錢就行了，他直接在這裡買布做衣服。另外，黑夫還讓家人告訴他，兄弟倆給家裡掙的爵位，秦王分給家裡了沒有，因為軍中說秦王只要一得到淮陽就會封爵。

第二封信是驚所寫，信中說：

「……願母幸遺錢五、六百，布謹善者毋下二丈五尺。……用垣柏錢矣，室弗遺，即死矣。急急急。驚多問新負、妴皆得毋恙也？」

這封信同樣是讓母親寄錢和布到軍中。驚說他借戰友垣柏的錢都花完了，家裡再不送錢來必死無疑，還連寫了三個「急」字。

寫第一封信的時候，驚在攻打淮陽城。寫第二封信時，淮陽已經打下來了。沒多久楚國再奪淮陽，淮陽成了秦的「反城」。這兩封來自火線的信清楚地說明了一個事實：秦兵的衣

5. 睡虎地秦墓竹簡整理小組：《睡虎地秦墓竹簡》文物出版社，1978 年。

服和錢都得自備，要是沒錢，就會餓死或者凍死。

真相往往很殘酷。衷的墓葬極為簡陋，除了兩封家書，只有石硯、研墨石和墨。極有可能，此後黑夫與驚都死在了戰爭中，屍骨無存、音訊不復。衷帶著筆墨，也許是要到另一個世界，寫回信給兩個不知所蹤的弟弟。

究竟是什麼樣的力量能讓舉國的百姓舉全家之力、甚至於豁出性命為國家做出如此之大的奉獻呢？顯然，一個重要的原因是「爵」，捨出性命，可以為家庭打拼出一個帶有爵位的美好未來。正是這樣的願景，讓千千萬萬的黑夫和驚參軍，組成了鋒銳無比的鐵血軍團，也催生出一批像白起一樣的名將，他們讓秦王最終當上了全中國的皇帝。

商鞅變法產生的「一買家社會」，因其新型分配體系而具有強大的力量，使秦國快速擁有凌駕於其他國家之上的絕對實力。長遠來說，這次變法不只為秦國奠定了一統天下的基礎，更成為中國千年變局的偉大開端──在櫟陽市集南門豎起木杆的那一刻起，牽動歷史颶風的那隻蝴蝶就已經開始揮動它的翅膀了。

第二章・不殺武庚：藏在禮制中的玄機

中國歷史上存續時間最長的朝代是哪朝，是大家都耳熟能詳的漢朝、唐朝，還是宋朝、明朝？

其實以上答案都不對。答案是——周朝。

很多人比較容易忽視這個朝代，周王朝共傳國君 32 代，有 37 王。從西元前 1046 年周武王滅商，定都鎬京開始，直到西元前 256 年都城洛邑淪陷、周赧王病逝為止，享國共計 791 年，比後世兩個國祚超三百年的長命朝代——漢朝和宋朝——加起來還要長（東西漢共 409 年、南北宋共 315 年），甚至比唐、明、清三個朝代加起來都只少了數十年而已！

這個在歷史上似乎不那麼起眼的朝代，展現出了其他朝代望塵莫及的延續性。而再往前推，夏、商、周三代加起來超過 1800 年，幾乎占了中國自夏以來四千年文明史時長的一半！

夏商周三代，尤其是周朝，所展現出來的驚人延續性不是沒有緣由的。顯然，孔子口中「鬱鬱乎文哉」的周朝，在社會治理結構上有著與後世朝代不同的印記。

所以，在探尋商鞅變法引發的千年大變局之前，我們不妨回望過去，看一看商鞅變法之前的社會形態，看看周王朝到底有什麼特別的地方。

1. 大西周：打架的神仙與神秘的名將

　　一個歷史朝代在現代人心目中的存在感高不高，可以從影視作品中窺見一二。關於漢、唐、宋、明、清各朝代的影視作品有多少，可能一時間不太容易弄清楚，因為實在太多了。相比於漢唐，講周朝的電視劇非常少，周朝被很多人忽視，可能也有這方面的原因。

　　但與周朝有關的一部神話劇非常火爆——《封神演義》。根據不完全統計，從 1927 年的電影《封神榜之楊戩梅山收七怪》到 2019 年的《哪吒之魔童降世》，九十多年間與《封神演義》相關的電影電視作品足有四五十部。這意味著每兩年就會有一部與之相關的電視劇或電影問世，除去戰爭動盪年代對影視拍攝的影響，這一個世紀裡幾乎每隔一年半載就有一部相關作品面世。這種熱度，恐怕只有《西遊記》才能與之相比了。

　　通過《封神演義》才能熟悉周朝，似乎對大統領周武王姬發有點不公平。本來他才是歷史的主角，現在卻被姜子牙、哪吒、楊戩，甚至太乙真人、申公豹、敖丙等人搶去了風頭，在《封神演義》的故事裡，很多時候他都只能當個配角，有時甚至連出鏡的機會都沒有。

　　《封神演義》在中國是一部廣有影響的小說，它的內容雖多，但可以用四個字來概括：神仙打架。大仙各有各的本事，存在感十足。姜子牙、哪吒、楊戩在民間名聲很響，雷震子、土行孫也有讓人印象深刻的絕招。各路大仙們組成的團體，即

闡教與截教，互相之間的鬥法更是精彩十足。周武王姬發在裡面只是一個需要被人保護的真命天子，像個道具，沒有絲毫的實質作用，更談不上人物塑造、功過評述。

當然，《封神演義》不是史書，但也會催生一些有趣的問題：《封神演義》裡的人物和故事是不是有真實存在的原型呢？神仙打架當然出於人們的想像，但是也不是憑空想像出來的。我想，大部分人可能都想過，西周時代真實的戰爭是什麼樣的呢？

中國國家博物館有一件迄今所知最早的西周青銅器——利簋，是首批永久禁止出國或出境的 64 件國寶級文物之一。利簋就是利的簋，這個「簋」，屬於一位叫做作「利」的人。

利簋最珍貴的地方不在於簋的紋飾有多麼精美、工藝有多麼先進，而在於它上面鑴刻的銘文。三十二個字，短短的四行，記載了三千多年前那場驚心動魄的武王伐紂之戰。

這四行銘文是這麼寫的：「武征商，唯甲子朝，歲鼎，克昏夙有商。辛未，王在闌師，賜右史利金，用作檀公寶尊彝。[6]」

這段話翻譯過來大致的意思是：「周武王征伐商朝時，在一個吉利的甲子日清晨，出現木星上中天的天象，於是，武王戰勝紂王並佔有了他的國土和政權。在辛未日（辛未日在甲子日的第八天后），武王在闌師論功行賞，賜給右史利青銅，

---

6. 商承祚：《關於利簋銘文的釋讀——與唐蘭、于省吾同志商榷》，《中山大學學報（哲學社會科學版）》1978 年第 02 期。

右史利使用這些青銅為祖先檀公做了這件祭器，以紀念先祖檀公。」

利簋上的文字可以和《尚書・牧誓》《逸周書・世俘》中的記載相互印證，可以說相當有說服力。寥寥數字，便讓人感受到改朝換代的恢宏氣象。

依據史實來看，周朝的開國之戰顯然不像《封神演義》裡面那麼神奇。其實《封神演義》裡面的人物，大部分是從道教甚至佛教中的人物轉化而來，在歷史上基本上找不到原型；只有文王姬昌、武王姬發、商王帝辛、姜尚、蘇妲己等少數幾個人在歷史上有過明確記載。

西周的青銅器上可不只記錄了武王伐紂這個大事件，還有周王朝征伐四方的記載。

周武王之後繼位的是周成王，成王之後是康王。康王時期有一位不見於史冊的神秘將領，他的名字叫做作「盂」。從康王時期著名青銅器小盂鼎的銘文中可以看到，盂討伐鬼方，凱旋後軍旗上插著鬼方首領的頭顱。他抓住三個鬼方酋首，砍了四千八百多個人頭，俘虜了一萬三千多人和很多馬匹、車、牛羊。在另一場戰鬥中，他抓了一個鬼方酋首，砍頭二百三十七個，俘虜若干人，得到一百零四匹馬、車上百輛。康王對他大加稱讚，盂對王行拜禮之後，把鬼方首領押上來進行審訊，然後當場砍了鬼方首領的頭，最後，康王讓人將人頭在周天子宗廟燒掉以獻祭祖先。這段銘文在今天看來有些血腥，卻非常真實地反映了當時的情形。其實，世界上很多文明的初期戰爭都

是如此[7]。

戰爭之後，從商王武丁開始屢伐屢叛的鬼方就在各類文獻中看不到了。很可能，鬼方因為受到重大打擊，從此在歷史長河中徹底消失了。

如果將盂和後世的將領對比，他更像誰呢？能徹底消除華夏邊患的將領可真不多，其功績至少堪比漢代赫赫有名的衛青、霍去病，按這個標準，盂可以稱得上是千古名將了。

成康間的另一位將領是伯懋父，有大量的青銅銘文記載了他的事蹟。如《呂行壺》銘文「隹三月，伯懋父北征」，《御正衛簋》銘文「五月初吉甲申，懋父賞御正衛馬匹自王，用作父戊寶尊彝」，《召尊》銘文「隹九月，在炎，甲午，伯懋父錫召白馬每黃微」，《小臣謎簋》銘文「東夷大反，伯懋父以殷八師征東夷」，《師旂鼎》銘文「唯二月丁卯，師旂眾僕不從王征於方雷，使氒友弘以告於伯懋父」等。

從銘文記載來看，伯懋父不僅「北征」，還「以殷八師征東夷」「東伐海眉」，而且還對「征方雷」發號施令。他統帥「殷八師」鎮守東方，防衛東夷各族叛亂，保衛著西周王朝的安全。他還隨時聽命於周王室的調遣，率領「殷八師」東伐西討，南征北戰，戰功卓著，為西周立下赫赫戰功。

西周的另一個對外征伐高潮在周宣王時期。比如名將兮甲，《詩經》和青銅器兮甲盤的銘文都記載了他討伐獫狁的功績，再比如虢季子白和召伯虎，他們征討的戰功也都在青銅器

7.《商周青銅器銘文選 一》文物出版社，1986 年。

銘文（虢季子盤）和《詩經》中有記載。

在西周時代，能鑄造青銅器的都是些什麼人呢？答案是貴族，因為只有貴族才有權利和財力鑄造各種複雜精美的青銅器。例如，伯懋父，不少人認為他是成康時期衛國的國君衛康叔，地位很高；又如虢季子白是宣王時重要的軍政大臣，可能就是《史記》中的虢文公。不管怎麼說，這些人都是地位尊崇的貴族。

西周時代的貴族，都是有封地、有軍隊的，比如伯懋父就有一支王牌軍隊——殷八師。那個年代的將帥，幾乎清一色都是這樣有權、有勢、有軍隊、有領地的分封貴族。他們之間的戰爭就像是《封神演義》中的神仙打架，貴族之間相互爭搶戰利品，平民百姓完全沒資格上臺來分一杯羹。

所以說，姬發的大西周，只有神仙打架的大戲，沒有勵志故事的舞臺。這種四平八穩、一成不變的社會形態，從夏、商一直延續到東周的戰國末期。

這種社會形態，如果在王朝的延續期還好說，一旦到了改朝換代的時候，前朝的貴族該如何處置呢？奪取天下之後，周武王姬發就遇到了這個問題。

2. 殺還是不殺，這是個問題

在我們的記憶裡，改朝換代的皇帝王公們都是怎麼做的呢？滅秦，項羽殺子嬰，火燒阿房宮；隋代周而立，北周靜帝

退位後九歲即薨，死因不說大家也能猜得到；滅隋，十五歲的隋恭帝楊侑在唐朝立國兩年後死去；南宋厓山兵敗，陸秀夫背著小皇帝趙昺跳海殉國；明代北京城破，崇禎吊死煤山……凡是「國滅」，前朝國君基本上都逃不出「身死」的下場。

那麼，周武王既然一戰定天下之後，那他面對商王帝辛之子武庚，是殺，還是不殺？殺吧，商朝舊民為數眾多，恐怕會引發動盪；不殺吧，似乎又留下後患。「To be or not to be」，看起來可真是個難題——莎士比亞這句臺詞，放在這裡也挺應景。

據說，姜子牙是主張對商國殘餘趕盡殺絕的，但周武王姬發的弟弟姬旦反對，認為封武庚於朝歌，有利於安定民心。姬發聽了姬旦的建議，把武庚封在殷地。果然，殷民大悅。

這些細節，是後世小說家的想像。實際上，依周代禮制，亡其國不絕其祀，是不殺先代王公的。

《左傳》有句很出名的話：「國之大事，在祀與戎。」祭祀和戰爭是國家最重要的大事，馬虎不得。

這是為啥呢？

戰爭的重要性自然不必多說。首先是出於生存的考慮，沒有強大的軍力，國家可能在殘酷的競爭中被征服、不復存在；其次，土地和人口越多，國家可以聚集的財富越多、可以彙聚的力量越強大。所以，不管是出於生存還是發展的目的，對外戰爭都是很重要的。

對內來說，祭祀則是維繫穩定的基石。西周政治制度是

宗法制、分封制和世官制三位一體。三者當中,血統論起著基石的作用。血統決定了社會中每個人的地位,而這個地位如果需要維繫,那麼祭祀就是體現血緣正統性的最好表達。「在祀與戎」,祭祀甚至還排在戰爭之前,可見古人對祭祀的重視程度,說是國家的頭等大事也不為過。

因此,「亡其國不絕其祀」就成了天下共約、社會共識,也是當時上層貴族之間的遊戲規則。這也就是孔子在《論語‧堯曰》中所說的「興亡繼絕」。孔子認為「興滅國,繼絕世,舉逸民,天下之民歸心焉」,恢復被滅亡了的國家,接續已經斷絕了的家族,提拔被遺落的人才,天下百姓就會真心歸服了。

當初商王帝辛兵敗之後登上鹿台,自焚而死。很多人認為他是走投無路才這麼做的,實際上可能並非如此。

《封神演義》裡說,周武王看到殷紂王火焰之中的身影,沒有興高采烈,而是掩面歎息。他認為事不至此,殷紂王沒必要自殺。

不得不說,演義雖然有很多想像成分,但周武王的歎息卻有可能是真的。紂王真的能夠活下去,因為周武王很可能不會殺他:周武王不僅沒有殺其子武庚,還封之於殷地,讓武庚繼續統治自己的領地。不過,武王在分封的時候留了一手。武庚這人據說和他爹一樣聰明勇武,周武王不能不防。於是,武王在朝歌周圍設衛、鄘、邶三國,分封給自己的三個兄弟管叔姬鮮、蔡叔姬度、霍叔姬處,讓他們共同監視武庚。這在歷史上被稱為「三監」。

看上去這是個很不錯的安排，但世事難料，此舉反而為後面的叛亂埋下了禍根。

兩年後，周武王駕崩，立幼子姬誦為王，即周成王，武王四弟姬旦輔政。因姬誦即位時年僅十三歲，姬旦代之掌管國事，後人稱之「周公」。

這下可捅簍子了。姬誦的三位叔叔紛紛表示不服，他們聲稱老四姬旦「哪裡是輔政，分明是篡權」，他們認為姬旦早晚自立為王，應該出兵討伐。為了壯大聲威，他們竟然把本來由他們監視的武庚也叫上，一同謀反，史稱「三監之亂」。

但周公姬旦是何等人物，當年姬發把他留在國都自然是有道理的。姬旦很快率軍平定了三監之亂，殺武庚和領頭的管叔、流放蔡叔、貶謫霍叔。俗話說：「不作不死。」這下哥仨不僅把自己作死了，連武庚也被連累。

周武王沒殺的武庚最終還是死了，那殷商是不是就絕祀了呢？並沒有。武庚的地盤一半給了接管衛國的康叔，一半給了武庚的叔叔，也就是紂王的哥哥微子啟。微子啟建宋國，仍可祭祀先祖，管理殷商遺民。國家的名字改變了，但這套遊戲規則還是沒有任何變化。

所以，殺還是不殺其實在當時並不是一個需要抉擇的問題，因為在這套社會體制下已經有了一個確定的答案。

我闡述這個問題，是想說明一點：貴族的血統在周禮的加持下，甚至能在敵我之間達成某種共識，可見「血統論」對當時民眾的影響之深之遠。

3. 無冒家社會：儒家與道家的共同嚮往

《三國演義》裡劉備說曹丕殺了漢獻帝劉協，這其實是個明顯的栽贓。在歷史上，曹丕封劉協為山陽公，食邑一萬戶，建山陽公國（在今河南省焦作市山陽區），允許他在其封地奉漢正朔和服色，建漢宗廟以奉漢祀。此外，曹丕還給劉協客套了一下：「天下之珍，吾與山陽共之。」曹丕死後，劉協又活了好幾年才壽終正寢，享年 54 歲。甚至魏國被晉取代時，山陽公國還在，前後存國共 98 年。

這是歷史上有意思的一種現象：重視血統的時代，前朝皇帝或者國王多能留下一條性命。商代夏，夏桀只是被流放；周代商，武庚依然保留封地。到了一千多年以後重視門第的魏晉時代，血統論重新泛起，一樣不殺前王。漢獻帝是亡國之君，反而成了東漢除劉秀之外活得最久的皇帝。魏滅蜀，劉禪也沒有被殺，還留下了「此間樂，不思蜀」的千古名言。

當然，魏晉時代和夏商周三代還是有很多不同的。魏晉時代殺不殺前朝王公貴族，對局勢影響不大。而在夏商周三代，尤其是周朝，不管冊封不冊封，前朝王公貴族都是有領地、有影響的實力派人物。除非確實要謀反，這些人不是想殺就能殺的，不然殺了之後還得收拾殘局。

再往前看，不殺之傳統由來已久。比如，傳說中，黃帝打敗炎帝之後，沒有殺他。因為，炎帝雖敗，其手下軍隊依然只聽令於他，所以，當了俘虜的炎帝仍然勢力強大。黃帝從現實

考慮，選擇與炎帝結盟，而不是滅了炎帝部落。傳說也許不完全真實，但其中反映出來的社會形態卻是耐人尋味的。

因此，先秦時代正是一個不折不扣的「無買家社會」。社會上不存在確定的買家，血統決定了一切，貴族平民各安其位，沒有上下流動。這是一個安穩但無進步動力的社會，沒有「能者當之」的說法，只有等級嚴明的社會體制。這種社會機制在夏商兩代甚至更久遠的傳說時代就已經存在，到了周朝，更是用《周禮》將這一套模式固化到了社會的方方面面。

《周禮》相傳為周公所制，它展示了一個富於理想主義的、近乎完美的國家典制，國中的一切都井然有序，一絲不亂。周王朝初期的統治者實行封諸侯、建同姓的政策，把周王室貴族分封到各地，建立西周的屬國。周公在分邦建國的基礎上制禮作樂，系統地建立了一整套有關禮樂的完善制度。

這種禮樂制度，屬於上層建築範疇，是區分貴賤尊卑的等級教條。以嫡長子繼承制為核心，它拓展出一套父尊子卑，兄尊弟卑，天子尊、諸侯卑的等級森嚴的禮法。禮法的名目繁多，有吉禮、嘉禮、凶禮、賓禮、軍禮等，甚至連夫妻之間的床第之事都用「敦倫之禮」來規定。本質上，它是一種維護等級制度、防止僭越行為的工具。

孔子對於周代禮制可謂是推崇備至，《周禮》因為孔子的推崇也成為儒家的經典。孔子認為，一切井然有序的禮制社會才是人類的理想社會。孔子畢生的政治理想便是恢復周禮，用維護上下等級的禮維護社會和諧。

這種安穩而無流動性的社會也體現了老子對於理想社會的某些構想。老子嚮往的「無為而治」「小國寡民」，在「無買家社會」裡不難找到影子；所謂「雞犬之聲相聞，老死不相往來」，不就是一個有明確邊界、階層之間互不相通的社會形態嗎？老子提倡的「無為而治」，更是不干預、維持現有社會形態思想的集中體現。

由此可見，「無買家社會」是儒道兩家的共同嚮往。

然而，孔子生活在一個「禮崩樂壞」的年代。春秋五霸問鼎中原，已經不太理會舊有的體制，三家分晉更是對舊體制的一次巨大衝擊。舊的社會體制在逐步瓦解，對此，孔子也只能徒呼奈何。

當時的社會已經到了變革的前夜，李悝、吳起、商鞅前仆後繼地展開變法，希望社會結構發生有利於國家的變化。由此，「一買家社會」開始嶄露頭角。

4. 詩經：「平原繡野、群歌互答」的美好時代

清嘉慶、道光年間，雲南寶甯（今雲南廣南縣）出了一位小有名氣的才子，叫方玉潤。

方玉潤是家中長子，自幼聰慧過人，被父親方凌瀚寄予厚望。方玉潤文采出眾，卻繼承了方家的祖傳缺點：不會考試。方凌瀚考了十三次都沒考上，方玉潤考了十五次，次次名落孫山。後來，方玉潤投筆從戎，終於以軍功獲得官銜，在陝西隴

州當了個州同（知州的副手）。他得到知州賞識，在當地五峰書院講學。原本寂寂無名的方玉潤在講學期間寫了一部《詩經原始》。正是這本書，讓他在學術方面留下了最精彩的一筆——《詩經原始》讓詩經回歸了詩歌原本的美學，而不再在經學的圈子裡打轉轉。

方玉潤是怎麼看《詩經》的呢？《詩經原始》裡面有這麼一句：「讀者試平心靜氣，涵詠此詩，恍聽田家婦女，三三五五，於平原繡野、風和日麗中，群歌互答，餘音嫋嫋，若遠若近，忽斷忽續，不知其情之何以移，而神之何以曠，則此詩可不必細繹而自得其妙焉。」

「平原繡野，風和日麗，群歌互答，餘音嫋嫋」，方玉潤通過《詩經》，找到了如世外桃源般的美景。《詩經原始》成書在《詩經》編纂完成的兩千多年後，但此時的人們依然對周代的生活抱以很美好的期望與嚮往。

這一類《詩經》中的場景，應該也符合老子和孔子對於人民生活的期望。不然，孔子何以對《詩經》發出「思無邪」的感歎，老子為什麼會對雞犬之聲相聞、老死不相往來的生活狀態大加推崇呢？

在《詩經》中，類似的詩句還有很多，它們反映了蒙昧時代，無買家社會的民眾對生活的甘之如飴。

《詩經》裡有很多流傳千古的句子，反映了當時人們的生活狀態。比如，有對愛情的嚮往：「關關雎鳩，在河之洲。窈窕淑女，君子好逑。」「蒹葭蒼蒼，白露為霜。所謂伊人，在

水一方[8]。」

有男女兩情相悅的感受：「彼采蕭兮，一日不見，如三秋兮」、「投我以木桃，報之以瓊瑤。匪報也，永以為好也。」、「維士與女，伊其將謔，贈之以芍藥。」

有對婚後幸福生活的期待：「桃之夭夭，灼灼其華。之子于歸，宜其室家。」

有對於美好人物的讚頌：「有匪君子，如琢如磨」、「手如柔荑，膚如凝脂……巧笑倩兮，美目盼兮。」

有對戰友情誼的歌頌：「死生契闊，與子成說。執子之手，與子偕老。」

有對離別家鄉的感歎：「昔我往矣，楊柳依依。今我來思，雨雪霏霏」等。

《詩經》中當然也有對於生活不滿、渴望改變的詩篇，但總的來說，田園牧歌般的生活場景占了多半。方玉潤「平原繡野，群歌互答」的描寫，並非是出於他的想像，而是對《詩經》整體情境和場景的美學歸納。

但歷史前進和變革的浪潮終究不可阻擋，隨著無買家社會受到越來越大的衝擊，孔子的理想也終於在「禮崩樂壞」中崩塌，只留下數千年後人們懷念曾經依稀的美好。

8.《詩經》，王秀梅譯，中華書局，2015 年。作者注：後詩不一一注明。

第三章・誰是大推手：東方文明的崛起

社會運行有其內在規律。在某些時候，它類似於一個鏈式反應堆：一旦達到了臨界點、開始了裂變反應，就再不可逆。世界大勢，宛如江水，浩浩蕩蕩。一旦開始流動，或會遇到波折和阻礙，卻很難被轉向、阻擋。

商鞅的偉大變革，讓一買家社會在秦國初具雛形，也讓秦國一躍成為戰國時代的最強者。數十年以後，嬴政一統天下，開始推行「車同軌、書同文、推行郡縣制、統一度量衡」的政策，把秦國賴以成功的社會形制推廣至天下。

初看起來，這是個不錯的主意。作為社會中的唯一買家，秦始皇嬴政本應該能像他的玄祖父秦孝公那樣獲得人們的忠誠與勇力，讓新生的秦帝國強盛不息，使得皇位「二世、三世至於萬世，傳之無窮」。

那麼，他的國民對此又是怎麼反應的呢？

大秦帝國的新國民們對此的反應和秦孝公時代的秦國人一樣強烈，他們也都不約而同地抽出了身上藏匿已久的鋒刃——只不過這一次，不是對準了秦國的敵人，而是對準了秦始皇本人。

1. 史上最聰明的刺客

在今天河南省新鄉市原陽縣城東關有一座小亭子，裡面豎著一塊大石碑，上面寫著四個大字：「古博浪沙」。在兩千二百年前的秦王朝，這裡發生了一件震動全國的大事。

一統天下之後，志得意滿的秦始皇嬴政開始了他的全國大巡遊。為了這次巡遊，秦王嬴政專門下令修築以咸陽為中心的、通往全國各地的馳道。「馳道」是專門給皇帝用的，功能上和同時代修的「直道」一樣，相當於一條條通往各地的高速公路，使得騎兵和車馬可以暢通無阻地開往全國主要城市。

秦始皇出遊既是為了宣揚威德，也是為了求神問仙、祭祀天地，同時欣賞自己打下來的大好河山，找找成就感。比如，他「登琅琊，大樂之，留三月[9]」，在琅琊這一個地方，停留遊玩了三個月。

秦帝國的兩大掘墓人——劉邦和項羽，都是秦始皇大巡遊的目擊者，他們都親眼看到過巡遊車隊的威儀。據說嬴政出行，標配九九八十一輛馬車，車水馬龍，旌旗獵獵，十分壯觀。劉邦不無羨慕地說，男人大丈夫莫過於此。項羽則是霸氣十足地指著秦始皇嬴政的馬車說，他可以被取而代之。由此可見，秦始皇的全國巡遊，陣仗絕對夠大、排場也真的夠足。

排場大，被襲擊的可能自然也就大。之前，嬴政為了防止百姓造反，收了天下所有的兵器，熔成銅水，做成了十二尊

---

9. 司馬遷：《史記》中華書局，2006 年。

碩大無比的銅人，史稱「金人十二」。（《史記》：「收天下兵，聚之咸陽，銷以為鐘鐻金人十二，重各千石，置廷宮中。」）這些銅人每尊高十多米、重百餘噸，工程量可以與兵馬俑相提並論，堪稱奇蹟，實際上，十二銅人的總重量，超過「舊世界七大奇蹟」之一的希臘羅德島青銅巨像數倍。按說收了這麼多兵器，老百姓幾乎手無寸鐵，巡遊時候又有重兵拱衛，應該是很安全了。沒想到，嬴政經過博浪沙這個地方的時候出事了。

秦時的博浪沙，不像現在一馬平川。當時黃河流經陽武縣北，邙山過陽武縣南。邙山之南有「圃田澤」，沼淖數百；邙山之北是黃河灘，水草連沙堆。從長安到山東的馳道，就從黃河與沼澤之間的邙山腳下通過。

那時的博浪沙，大河湯湯，蘆葦遍佈，和風習習，每個到此的人都頓感神清氣爽。但對見慣了高山大川、名勝奇景的嬴政來說，這種別人看起來還不錯的風景對他而言實在是稀鬆平常，提不起他的興趣。而且，博浪沙的路面起伏不平，馬跑不起來，車走得也很慢。

昏昏欲睡的旅程中，一陣「嗚嗚」的風聲驀然間破空而來，還沒等車隊裡的將領兵士來得及反應，一個一百二十斤重的大鐵錘嗖地飛了下來，把一架四乘馬車砸個稀爛！

因為嬴政經歷過好幾次刺殺，所以提前把自己的六乘馬車更換成了和副車一樣的四乘馬車，此外，他還經常更換乘坐的馬車，以減少被刺客發現的可能。關鍵時刻，這一招救了他的

命，大鐵錘沒有砸中他，只砸中了跟在他後面的副車。

　　反應過來的嬴政馬上派人去搜刺客。蘆葦蕩全是淤泥，馬根本進不去，肯定是指望不上了。而要「地毯式」搜索，別說跟隨嬴政的那些兵將了，再多個幾千人怕也不夠。在無邊的蘆葦中找人，無異於大海撈針。

　　嬴政大為惱怒，回去後立即詔令天下，出動大軍搜捕刺客。但沒人見到過刺客、沒人知道其身形相貌，甚至連刺客是幾個人都沒弄清楚，光憑一柄大鐵錘，又怎麼去找？

　　其實在此之前，刺殺秦王嬴政的人也有好幾個，但基本上沒人能活著逃走。高漸離、荊軻等，曾經都差點成功，卻都功虧一簣，最終丟了性命。實際上，荊軻刺秦，本就是抱著必死的信念去的：在衛士眾多的秦宮大殿上對著秦王上演「圖窮匕見」，不管是成是敗都會身死。只有博浪沙這一次，刺客全身而退，在秦始皇眼皮底下直接消失，秦王抓了幾個月都沒抓到，最後只能不了了之。

　　這次刺殺，計畫縝密、地點絕佳，到底是誰做的？主謀當然不簡單，他就是大名鼎鼎的留侯張良。十多年後，正是他輔佐漢朝的開國皇帝劉邦進入咸陽城，滅亡了大秦帝國。

　　張良出身韓國貴族，爺爺張開地是韓昭侯、韓宣惠王、襄哀王時期的丞相，父親張平曾擔當釐王、悼惠王的相國。如果沒什麼意外，張良也會封侯拜相。但到他這一輩的時候，韓國已逐漸衰落，最終被秦國滅掉。

　　因為秦國入侵，張良不僅失去了繼承父輩事業的機會，而

且從貴冑公子變成一介草民。國仇家恨集於一身，張良對於秦國的憤恨自然不必多說，於是，他將反秦當作終生的追求。

為了消滅秦國，張良可謂下了血本：親弟弟死了都不下葬。散盡家資，只為刺殺嬴政。

張良籌畫了很久：先找到一個大力士，為他打制一隻重達120斤的大鐵錘；及至得知秦始皇的出巡路線，又開始尋找伏擊地點，最終選擇了博浪沙。博浪沙離韓國首都新鄭不遠，張良對其地形非常熟悉，起伏不平的路面又可以限制車隊的速度；再者，其北面就是黃河，蘆葦叢生，便於逃跑。張良的計謀堪稱完美，遺憾的是，大鐵錘最終差之毫釐，沒能殺死秦始皇嬴政。

刺殺沒有成功，張良卻因此聲名鵲起，在秦末群雄奮起之前撈足了政治資本。

2. 暗流湧動的大秦帝國：越偉大，越艱難

張良為什麼能逃脫？一方面是個人本事，另一方面，因為當時舊六國普遍存在一種反秦的情緒。

秦始皇嬴政效仿秦孝公，在全國範圍內推行商鞅以來的法家政策：削弱舊貴族，加強君主專制，依軍功提拔新貴。

嬴政廢除了分封制，建立了一套自中央到地方的郡縣制和官僚制。初分全國為36郡，以後隨著土地的擴大增至46郡，定咸陽為國都。中央政府最高的官僚是丞相、御史大夫和太尉，

稱「三公」。地方郡的長官為守，縣的長官為令。郡縣制初步打破了血緣關係的宗法制，官僚制則代替了貴族的世襲制。

為了鞏固政權，秦始皇還實行了一系列的政策：統一文字，統一貨幣和度量衡，修築長城、馳道和直道，強迫六國富民和平民遷徙。為了防止六國貴族依持宗族死灰復燃，嬴政強迫他們遷徙到咸陽，令他們看護皇陵，或者將他們和一些平民一起，遷徙到西南邊遠地區，去做開礦、開鹽井之類的苦役。史稱「遷虜」。

因此，這一套改革下來，利益損失最大的是舊六國的貴族。他們和平民們的認知依然停留在分封制階段，對新制度極度不適應。由此產生的文化隔閡，以及對於故國的懷念，形成了反秦的社會基礎。作為其代表的張良，更是在秦末的起義中大展身手，成為推翻秦朝統治主要力量之一。張良刺秦後能夠順利逃脫，並在全國大搜捕中獨善其身、逃亡多年不被發現和檢舉，和當時反秦的社會風氣密切相關。

秦帝國的新體制，固然被六國貴族抗拒，卻得到了歷史書籍的認可。在古代世界裡，這是一套極其高效的制度。

這套制度的效率到底有多高呢？2002 年，一口廢井裡出土的竹簡，讓我們能看到那個偉大時代的冰山一角。

里耶秦簡，即發現於湖南湘西土家族苗族自治州龍山縣里耶鎮的竹簡，共 37000 多枚，有文字 20 多萬。大部分簡牘記載秦統一中國後的事蹟，其範圍從秦王政 25 年到秦二世 2 年（西元前 222 年至前 210 年），一年不少，詳細到日；其內容主

要是洞庭郡遷陵縣的檔案，包括祠先農簡、地名里程簡、戶籍簡等，涵蓋秦朝官職設置、簽署公文、人口管理、經濟管理、司法管理、物資管理等方面。秦之一統，不過短短十多年，比之於整個文明史，十分短暫。我們能在數千年後發現如此規模的文字實物，可以說非常幸運。

里耶秦簡展現出了秦帝國令人驚歎的運轉效率，我們可以一起來看看。

簡牘一：「廿七年四月癸卯水下十一刻，刻下九。求盜簪嫋陽城辰……[10]」

這枚簡牘記述的是秦始皇廿七年四月癸丑日，洞庭郡遷陵縣發生的事情。「水下十一刻，刻下九」即事情發生的時刻，是漏壺水下十一刻九分。秦代漏壺設計為十二刻，每刻再分為十分，分以下的時間單位以分鐘計。事情的發生時間，精確到分鐘，這種記事的精準度在兩千多年前的古代世界裡幾乎是奇蹟。

簡牘二：「四月丙午朔癸丑，遷陵守丞色下少內：謹案致之，書到言，署金布發，它如律令。欣手。四月癸丑水十一刻：（刻）下五，守府快行少內。」

這枚簡牘是遷陵守丞（即代理縣丞）色下達給本縣少內（縣中收儲錢財的機構）的指示。它記錄了郵件到達和簽收的精確時間，「十一刻：（刻）下五」；「快行」二字表明其為急件，必須像今天的特快專遞一樣，將它快速發出。

此外，秦簡對公文收發的記錄也相當詳細。文書的數量、

---

10. 張春龍 編：《湖南里耶秦簡》，2010 年。

發送機構、發往地點、何人封印、傳遞方式、收發時間、文書的持送人等全部被記錄在案，而公文收發時間十分精確。可見，秦帝國已經建立了完善的政令發送體系，縣級機構的公文處理及時、準確、安全，整個公文程序運行規範，效率很高。借助通達各城市的直道和一套行之有效的制度，秦國各級政令可以直通全國，快速抵達治理的末梢。

簡牘三：「南陽戶人荊不更鄭不寶，妻曰有，子小上造虒。」

這句話講的是，兩千兩百年前南陽有一戶人家，戶主名字叫鄭不寶，享有爵位「不更」，他的妻子叫有，兩人還有一個未成年的兒子虒。這是什麼呢？這就是個戶口本，戶主、地位、家庭情況，記錄得很清晰。

簡牘四：「故邯鄲韓審理大男子吳騷為人黃皙色隋面長七尺三寸。」

大意是，有一個來自邯鄲的男子，名字叫吳騷，皮膚有些發黃，橢圓的臉，身高一米七左右。這塊木簡相當於什麼呢？相當於秦朝時的身份證！古代沒照相機，也不可能人人都有畫像，便用文字記下了人相貌。有了這塊簡，可以避免冒名頂替，官員檢查人口流通時也有依據可循。

不難想見，秦代對流動人口的管理達到了怎樣的精準程度！千年的時光過去了，吳騷的軀體早已經化為了塵埃，木簡上的文字卻仍然忠實地記錄著他的樣貌。

類似的簡牘還有很多，生動地記錄了大秦帝國的運行脈

絡。

這些簡牘有辦案的，從供詞到證詞，從審訊到調查，從處置到覆核，處理過程記錄非常翔實，由此可知，當時遷陵官吏嚴格執法、依法辦事的情況。有為親友謀求公職的（秦代公職可減免賦稅），求職者的姓名、經歷、推薦人，錄用或不錄用的原因，都寫得很清楚。甚至今天學生們背誦的乘法口訣，你可能以為是十分晚近的產物，其實根據竹簡記載，當時就已經在使用了，作為培訓官吏的重要工具。

嬴政認為自己的功勞勝過廣受尊崇的「三皇五帝」，於是，採用三皇之「皇」、五帝之「帝」，構成「皇帝」的稱號；又因為他是第一個這麼做的人，所以自稱「始皇帝」。這個稱謂，可謂狂到沒邊了。不過，不論史書如何評價其人，都不能否定其功：秦王朝的管理機制不僅撐起了強悍的大秦帝國，而且奠定了封建王朝的基本格局，從此，一個強大的東方帝國開始嶄露頭角。無怪乎明代思想家李贄，將其譽為「千古一帝」。

在秦之前，沒有哪一個王朝曾經直接統治過如此廣袤無邊的領土，而在這片遼闊的地域裡，分佈著文化上同源但已經逐漸分化的東周列國。要在全國範圍內建立一套高效的新型體制，十多年的時間是遠遠不夠的，至少需要兩代甚至三代人。可惜，上天沒有給秦王朝這個機會。

建立新時代不是一蹴而就的，常常會遭遇舊勢力的反撲。在中國歷史乃至於世界歷史上一次又一次地得到印證。戰國時的李悝與吳起如此，秦始皇嬴政也是如此。直到漢武帝獨尊儒

術，為一買家社會打上終極封印，其後雖有強調血統的晉王朝、幸有推行科舉的隋王朝，這一制度才最終成熟。

正是一買家社會，讓中國的封建王朝在當時的世界範圍內強勢崛起，成就了其一千多年的輝煌。

但當時秦始皇治下的秦帝國，雖然是個極其高效的一買家社會，卻潛伏著巨大的危機：秦帝國好像一台靠外部蠻力驅動的巨型機器，雖然精密高效，但缺乏潤滑，散架是遲早的事。原因其實也很簡單，有一樣關鍵的東西它沒有統一，那就是人民的思想。

真正運行良好的社會，應該統一思想、上下一致，只有這樣才能有強大的內在驅動力。

3. 獨尊儒術：一買家社會的終極封印

嬴政治下的秦帝國，從統治者的視角看起來是非常完美的：皇帝作為唯一的買家，統管一切。人、財、物達到了空前的大一統，在整個國家體系內暢行無阻。

對百姓來說，這一套體系則非常嚴苛。辦事精確到分鐘，很多現代國家都難以做到，更何況舊六國之民眾？在被秦王佔領之前，人家過的還是《詩經》裡所描述的那種四平八穩、優哉遊哉的生活。

經歷不同，想法就不同。秦國能施行的法度，在其他六國不一定能推行下去，起碼不可能立刻完成轉變。因此，遭遇一

些反彈是必然的。

嬴政是怎麼對待民眾怨言的呢？他用了一種非常簡單粗暴的方式——直接壓制。不服，那就打到你服。

秦始皇三十四年（西元前 213 年），博士齊人淳于越反對郡縣制，要求根據古制分封子弟。這是又要回到論血統的無買家社會的節奏，嬴政當然不幹。

丞相李斯知道嬴政想的是什麼，他對淳于越的上書大加駁斥，並主張禁止百姓以古非今，以私學誹謗朝政。秦始皇趁勢下令焚燒《秦記》以外的列國史記，對私藏的《詩》《書》等，也限期交出燒毀；有敢談論《詩》《書》的處死，以古非今的滅族；禁止私學，想學法令的人要以官吏為師，這就是「焚書」。

秦始皇三十五年（西元前 212 年），方士盧生、侯生等替秦始皇求仙失敗後，私下談論其為人、執政以及求仙等，之後攜帶求仙用的鉅資出逃。秦始皇知道後大怒，遷怒於所有方士，下令在京城搜查審訊，抓獲四百多人並全部活埋，這就是「坑儒」。

本質上，「焚書坑儒」的目的是為了壓制民眾思想。然則，行為可以強制，思想卻很難強求。民眾懾於秦軍軍威，暫時表面上不敢怎樣，但心底對這一套顯然是不認同的。

以外力壓制，需要巨大的成本。嬴政在世的時候尚能憑藉個人威勢和能力勉力維持，等他一死，曾經強盛一時的秦帝國很快就分崩離析了。

可以說，統治階層與社會大眾、秦國與舊六國民眾思維方面的割裂，直接導致了秦王朝的覆滅。那高效的一買家社會真的能在華夏大地落地紮根嗎？至少在當時，是不太現實的。

秦末亂世塵埃落定，漢王朝成為新的大一統王朝。接手嬴政的漢高祖劉邦是怎麼做的呢？早在攻佔咸陽的時候，劉邦就給了一個初步的答案：約法三章。「與父老約法三章耳：殺人者死，傷人及盜抵罪。」殺人者處死，傷人者抵罪，盜竊者判罪──真的這麼簡單？真的就這麼簡單。

秦帝國那一套精密卻壓抑的管理體系消弭於無形，民眾身上的桎梏忽然間就鬆開了。因此，漢王劉邦很快就得到了萬民擁戴。

劉邦死後，漢廷經過一段的動盪，爆發了諸呂之亂，丞相陳平、太尉周勃與朱虛侯劉章等宗室大臣共誅諸呂，迎立劉恒為帝，即漢文帝。其後，漢景帝劉啟即位，朝政逐步穩定下來。

這幾位皇帝都吸取了秦滅的教訓，推崇黃老之術，即採取輕徭薄賦、與民休息的措施，減輕農民的負擔，以便恢復和發展農業，穩定統治秩序。此外，他們提倡節儉，重視「以德化民」，使得社會比較安定，經濟得到發展。因而，文景時期歷來被視為封建社會的盛世，史稱「文景之治」。

然而，隨著時間的推移，黃老之術的弊端也日漸暴露出來。受「清靜無為」的影響，在外交上，漢朝統治者對匈奴採取和親政策，一味忍讓，致使匈奴日益驕橫，對漢朝邊境的

騷擾越來越頻繁；在內政上，缺乏制度建構，以至於漢景帝時「富者連田阡陌，貧者無立錐之地」，土地兼併嚴重；皇帝對地方諸侯也不能有效制約，致使後者勢力不斷擴張，對中央朝廷構成了很大的威脅，漢景帝時的「七國之亂」就是典型例證。此外，黃老之學不注重君尊臣卑，沒有什麼「君唱臣和，主先臣隨」之說。立國將相們往往恃功自傲，屢屢挑戰帝王的權威。漢惠帝時，丞相曹參堅持蕭何成規，政治上無所進取。漢惠帝指責他不理政事，他居然暗示惠帝不要干預他的職權。漢文帝問丞相陳平關於錢穀的事，陳平甚至說此事無關丞相之責，拒絕回答，臉上毫無愧色。

大漢王朝，看似四海升平，實則有內憂外患，潛藏著不小的危機。鬆散的治理結構，已經開始嚴重制約新興王朝的發展。

就在這個時候，雄才大略的漢武帝登上了歷史舞臺。

漢武帝劉徹剛登上皇位的時候，還只是個十六歲的孩子，帝國的主導權掌握在他祖母竇太后手裡。不過，竇太后遵循的黃老之學，不合劉徹的口味——漢武帝劉徹想要的，也是秦始皇那一套。

然而，不管是在朝堂之上的王公貴族、文武百官，還是處江湖之遠的普通老百姓，都對秦始皇的苛政心存抗拒，直接套用嬴政那一套肯定行不通。怎麼辦才好呢？

劉徹是個聰明人，知道硬來只會適得其反，最好找一套讓所有人都能接受的說辭。諸子百家，該找哪一家呢？劉徹沒有挑花眼，他其實一早就計畫好了：儒家。當年的儒家可不是今

天的儒家，孔子學說旗幟鮮明地維護血統論、恢復周代禮制，既可以用之號召天下，又能掩飾自己的真正想法。

十六歲的半大孩子真的能想得這麼深遠嗎？小看誰都可以，還真不能小看劉徹，中國歷史上幾位最具有雄才大略的帝王裡，他絕對可以位列其中之一。

劉徹在即位的第一個月（建元元年十月），就下詔要各地舉薦「直言敢諫之士」。各地推薦上來一百餘人，劉徹每個人都見了，親自策問「古今治亂之由，長治久安之道」。董仲舒、嚴助等一批名臣，就是這時從平民中破格擢拔的。

歷史上的少年天子不算少，但有這種氣魄、決心和韜略的，還真數不出幾個。所以，我們才說，劉徹的計畫是既定的。在改變社會機制這件事情上，並不是臣子們說服他的，他自己才是真正的主持者。

就這樣，劉徹開始了他的大計。為了逐步在社會上建立尊儒崇古的風氣、樹立自己的權威，他做了幾件事。

第一件是鼓勵孝道。建元元年（西元前 140 年）四月，劉徹下詔勵孝：「為復子若孫，令得身帥妻妾遂其供養之事。[11]」

第二件是禮神。建元元年五月，劉徹下詔：「河海潤千里，其令祠官修山川之祠，為歲事，曲加禮。」

第三件是就國除關。「欲設明堂，令列侯就國，除關，以禮為服制，以興太平」。「列侯就國」，就是有封國的諸侯回

11.《漢書》，中華書局，2007 年。

到自己的國土上去。「除關」，就是解除進入函谷關的關禁，以彰顯天下太平。

這三件其實都不算什麼大事，但第四件事——檢舉，卻帶來了不小的影響。

檢舉不是誰都檢舉，而是檢舉皇族宗室及諸竇違法者。「宗室」就是劉姓皇族，「諸竇」就是竇氏宗族。簡單來說，檢舉制度鼓勵檢舉皇親國戚中違法亂紀的人，以維護社會穩定，鞏固中央集權。

這下徹底昭示了劉徹的野心：他要做真正的天下共主，全天下最大的大買家。一上臺就這麼氣勢逼人，劉徹「千古一帝」的名號還真不是白叫的。

建元二年，趙綰為提升君權、壓制后權，提出國家大事不必奏報給竇太后。這下妻子可就捅大了：劉徹新皇登基三把火，本來就讓黃老派很不滿，只是勉強忍耐。奪竇太后的權，是可忍，孰不可忍?!

竇太后忍無可忍，罷免了竇嬰、田蚡，將趙綰、王臧逮捕入獄，並任命許昌為丞相，莊青翟為御史大夫。至此，建元新政——劉徹的第一次嘗試——宣告失敗。

經過這次的打擊，漢武帝更是學乖了，他深刻地意識到竇太后的強大，進而想出一個成功的祕訣：熬。比起年老的竇太后，他時間充裕得很。

建元六年，竇太后去世。劉徹終於等到了自己的機會。

第二年，也就是元光元年（西元前 134 年），劉徹詔賢良

對策。他把不治儒家《五經》的太常博士一律罷黜，提拔布衣出身的儒生公孫弘為丞相，優禮延攬儒生數百人。這就是歷史上有名的「罷黜百家，獨尊儒術」。

劉徹所尊的「儒」，到底是個什麼「儒」呢？

董仲舒的對策中提出了三綱原理和五常之道，即我們常聽到的「三綱五常」。

董仲舒說的「五常」是指什麼呢？仁義禮智信。孔子提出：「仁者人（愛人）也，親親為大；義者宜也，尊賢為大；親親之殺，尊賢之等，禮所生焉。」這即是「仁、義、禮」。孟子提出：「惻隱之心，仁也；羞惡之心，義也；恭敬之心，禮也；是非之心，智也。」這就是「仁、義、禮、智」。董仲舒更進一步，加入了「信」。他認為「為人」需「為仁」，而「為仁」需講「信」，強調「信者不欺」、「不飾其過」。由此可見，董仲舒的「五常」是對孔孟之道的綜合與補充，沒有什麼問題。

問題在於「三綱」。「三綱」討論道德秩序，即不同身份的人應該如何相處。關於這個問題，歷來有兩種說法。韓非認為，「臣事君，子事父，妻事夫，三者順則天下治；三者逆則天下亂。」君臣、父子、夫妻之間，必須嚴格遵守秩序，否則，天下就會大亂。相比之下，孔孟要溫和許多。他們固然提倡「君為主、臣為次，父為主、子為次，夫為主、婦為次」，但是更強調具體問題具體分析，將道德秩序當作一種雙向的義務。「君之視臣如手足，則臣視君如腹心；君之視臣如犬馬，

則臣視君如國人；君之視臣如土芥，則臣視君如寇仇。」君子踐行仁義，臣子才要恪盡職守。

董仲舒在《春秋繁露》中說：「人之為人，本於天。」人的一切都與上天對應，天道萬古不變，秩序也不能變。天道有陰陽，而對於社會來說，「君為陽，臣為陰；父為陽，子為陰；夫為陽，婦為陰」。這是一種明確的主從關係，與孔孟相去甚遠，倒是與韓非比較接近[12]。

所以，劉徹所尊的「儒」，其實是儒家的皮、法家的骨。尤其是三綱，依照君臣、父子、夫妻的主從關係，環環相接，可以延展形成一個嚴密的、以國君為唯一集權者和唯一大買家的社會體系！這才是「獨尊儒術」的厲害之處，也是劉徹被稱為「千古一帝」的真正原因。

可以說，商鞅奠定了秦王朝的制度基礎，但秦朝沒能在意識層面達到統一，因而快速崩潰。而劉徹借用當時社會接受度最高的儒家學說，真正讓「唯君王獨尊」的一買家思維模式深入人心。從這個角度來說，劉徹堪稱古中國崛起於世界東方的最大推手。

4. 雖遠必誅：東方文明的強勢崛起

斯塔夫里阿諾斯在《全球通史》裡這樣評價中國的漢朝：「早在漢代，中國已成功地趕上歐亞大陸其他文明，而現在，

---

12. 鄒順康：《董仲舒"三綱五常"思想評析》，《道德與文明》2014 年第 06 期。

即中世紀時期，中國則突飛猛進，仍是世界上最富饒、人口最多、在許多方面文化最先進的國家。[13]」

可以說，漢朝開啟了一個偉大的時代。它不僅確立了兩千年未曾大改的政治體制，而且影響著所有中國人的精神風貌，甚至決定了中國人口最多之民族的名稱——漢。劉徹的文治武功，在中國乃至世界文明史中留下了濃重的一筆，不過，獨尊儒術、開啟一買家時代，才是他最偉大的成果。正是這一成果，使得東方文明強勢崛起，在接下來的一千多年裡，執牛耳於世界的諸多方面。

從漢武帝施行「獨尊儒術」的政策開始，名將迭出，國家疆域大為擴充。衛青和霍去病遠征大漠、封狼居胥，威震北疆；路博多、楊僕平定南越，收復嶺南；楊僕、荀彘率軍攻破衛滿朝鮮，設立漢四郡；張騫通西域，設西域都護府……一買家社會的強大動能，讓劉徹的大漢帝國爆發出無往不利的巨大能量。連出使匈奴的一介書生蘇武，在面對匈奴王的時候都能面不改色地直言：「南越殺漢使者，屠為九郡；宛王殺漢使者，頭縣（懸）北闕；朝鮮殺漢使者，即時誅滅。獨匈奴未耳！」這番話說得匈奴王無言以對，最終還是沒敢動手殺蘇武。而元帝時的名將陳湯，更是在奏摺上寫下了「明犯強漢者，雖遠必誅」的豪言。這充分展現了劉徹的一買家社會對於戰爭資源和人力強悍的調動能力。

而在文治方面，《史記》與《漢書》代表了中國古代史

---

13. 斯塔夫里阿諾斯：《全球通史》，吳象嬰等譯，北京大學出版社，2012 年。

學的最高成就，樂府詩詞至今仍膾炙人口，司馬相如的《子虛賦》《上林賦》，張衡的《二京賦》等，都是千古傳頌的文學名篇。蔡倫改進了造紙術，製作出現代意義上的紙，從此在中國古代的四大發明中佔有一席之地。張衡製作的候風地動儀，是世界上第一台能夠預報地震的機器。落下閎等人制定的《太初曆》，第一次將二十四節氣訂入曆法。華佗發明麻沸散，成了世界上最早採用全身麻醉的醫生。西元前一世紀的《周髀算經》及東漢初年的《九章算術》，則是數學領域的傑作。絲綢之路的開闢，讓東西方常態化的商貿往來成為可能。

漢代也是中國最早進行瓷器燒造的時代。這個時期還發明了蒸餾法、水力磨坊、現代馬軛和肚帶的原型、漆器、用於冶金的往復式活塞風箱、獨輪車、水車和吊橋等。兩漢時期展現出獨特的彩繪工藝，如馬王堆所出土的帛書彩繪，各種生活用品齊全。

當然，漢朝沒能逃出歷史週期律，最終在三國的混戰中覆滅。之後，中國經歷了長達數百年的紛亂，僅西晉有過數十年的短暫統一。大一統王朝長時間缺位，導致一買家社會部分倒退，認血統的無買家社會和認能力的一買家社會相互混雜。直到新的大一統王朝隋朝確立了科舉制度，才讓更精細化的「一買家社會」建立成型。

第二部分

「一買家社會」的調整變革及「多買家社會」形態的誕生

內容摘要：隨著西方資本主義萌芽和商品經濟的發展，「一買家社會」的管理形態和激勵模式，已經不能滿足發展的需求。社會發展呼籲新的生產模式和管理模式。登上美洲新大陸的冒險家們本著「互相制約」「互相尊重」的前提，制定了他們在新大陸上的合作契約。至此，「多買家社會」形態初步成型。

第四章・狼哺之城——古羅馬的興起與衰落

約在東周及秦漢崛起於東方的同時,遙遠的地中海亞平寧半島上也興起了一個強勢文明——古羅馬。

古羅馬的文明史大體可以劃分為三段:羅馬王政時期、羅馬共和國時期、羅馬帝國時期。將西羅馬帝國作為終點計算,古羅馬文明在歷史上存在了一千多年,而以東羅馬帝國(拜占庭)作為終點計算,古羅馬文明存續超過兩千年!放眼世界,能存續這麼久的文明,幾乎是絕無僅有。

羅馬不是一天建成的,羅馬史也不是一天就能講完的。古羅馬經歷了多次的文明堆疊和社會嬗變。從王政到共和國再到帝制,每一次嬗變都讓羅馬更加強大。

然而,看似強大到不可戰勝的羅馬,對內,存在著一直未能解決的宿痾;對外,始終面對外族的衝擊。宿痾久未治癒的隱患,最終讓羅馬終於毀於外族之手。

隨著社會治理結構的變化,在西羅馬帝國滅亡之後,歐洲進入了漫長而黑暗的中世紀。而東羅馬帝國在盛極一時後也逐漸衰落,最終亡於奧斯曼蘇丹的鐵蹄之下。

1. 北非勁敵：雪山之巔的非洲戰象

亞平寧半島的北部，是高聳入雲的阿爾卑斯山。作為一座難以翻越的巨大屏障，終年積雪的阿爾卑斯山直接隔斷了從羅馬通往歐洲內陸的陸路通道。

如果阿爾卑斯山上真有神靈的話，他會在西元前 218 年 10 月的一天，看到一幅人類歷史上絕無僅有的奇特景象——在這人跡罕至的雪山之巔，十多頭全副武裝卻瘦骨嶙峋的非洲戰象和一支疲憊不堪、衣衫襤褸的軍隊，正在崎嶇狹窄的山路上蹣跚而行，隊伍蜿蜒長達數里。對生活在熱帶的非洲象而言，這也許是第一次出現在白雪皚皚的高山之上。站在海拔三四千米的山頂上，將帥和士兵們可以俯瞰亞平寧半島上的山川與河流——那座被稱為永恆之城的羅馬，已遙遙在望。

這支擁有戰象的軍隊來自遙遠的北非古國迦太基，統帥是赫赫有名的漢尼拔・巴卡。漢尼拔出身巴卡（Barca）家族，父親是哈米爾卡・巴卡，下面又有兩個弟弟，四人都是迦太基名將。巴卡家族是迦太基貴族，「巴卡」在腓尼基語中的意思是「閃電」。漢尼拔統帥的軍隊，也正像閃電一樣，迅捷威猛、氣勢凌厲。

漢尼拔出生於西元前 247 年的迦太基。他的童年正處於第一次布匿戰爭時期（羅馬人稱迦太基為「布匿」，羅馬與迦太基的戰爭一般被稱為「布匿戰爭」）。迦太基在戰爭中敗給了羅馬，失去了西西里島。羅馬雖是戰勝國，但並不滿足，仍然

盯著迦太基本土和它的殖民地。和約簽訂不久，羅馬就違約從迦太基手中奪取了科西嘉和薩丁尼亞，後來又以清剿海盜為名入侵西班牙。羅馬的連番挑釁，讓迦太基感到如芒在背。西元前237年，為改善祖國的前景，漢尼拔之父哈米爾卡·巴卡出兵征服西班牙。根據古羅馬著名歷史學家提圖斯·李維在《羅馬史》中的記載，當時才九歲的漢尼拔央求與父親同行。父親提出了讓他同行的條件，他要跪在祭壇前發誓：長大成人後，一定要成為羅馬誓不兩立的仇人[14]。

哈米爾卡·巴卡去世之後，漢尼拔的姐夫哈斯德魯巴採用懷柔政策，繼續在西班牙開疆擴土，漢尼拔從哈斯德魯巴身上學到了不少政治手腕。在哈斯德魯巴遇刺身亡之後，漢尼拔接過了父親的衣缽，成為西班牙執政官[15]。

漢尼拔上任後，迅速征服了諸多西班牙土著和凱爾人的部族，將這些蠻族勇士納入了自己的軍隊。作為核心主力的北非士兵，也在一系列惡戰中獲得了錘煉。漢尼拔雖然勇猛，但並不是莽夫，他沒有一味訴諸武力，而是恩威並施，除了軍隊的威懾之外，他也在當地收買各類支持者。

做這一切的同時，他沒有忘記自己的誓言：他的終極目標，不是獨霸西班牙半島，而是征服羅馬。漢尼拔擬訂了古代戰爭史上少有的作戰計畫，既周密又詳盡；還暗中派了許多使者，爭取讓那些對羅馬心懷不滿的希臘城邦站在自己一邊。

14.《李維《羅馬史》選》，王敦書譯，商務印書館，1962年。
15.阿庇安：《羅馬史（上卷）》，謝德風譯，商務印書館，1979年。

接下來兩年裡，漢尼拔完成了對伊比利亞半島埃布羅河以南的征服，鞏固自己在迦太基的聲望。隨後，他認為羅馬人與西班牙城市薩貢托的結盟違反雙方條約，於是出兵包圍薩貢托。羅馬向迦太基的元老院施壓，但元老院早被漢尼拔說服，表示占理的是漢尼拔。得到國內支持的漢尼拔率軍攻下薩貢托，將城內多數成年男子殺害，以劫掠的財富犒賞雇傭大軍。這樣一來，迦太基與羅馬的新一輪全面戰爭已經無可避免。

羅馬的主力部隊當時在東方的伊利里亞，漢尼拔決定趁羅馬國內空虛先發制人，開始公開備戰。大量來自內陸山地的部落民加入他的軍隊，北非的本土也派來了增援力量，甚至有幕僚從遙遠的斯巴達趕來為他效力。

羅馬通過戰爭和外交，取得了對西西里島、薩丁島、科西嘉島等島嶼和領海的控制權，西班牙到義大利的海路可以說被全面封鎖。再者，迦太基雖以海洋制霸起家，卻在第一次布匿戰爭中失去所有的海軍，還被迫簽約放棄擁有海軍的權利。因此，漢尼拔決定放棄海上登陸計畫，而從陸路進擊羅馬，要經過一條從來沒有其他軍隊嘗試過的路——翻越阿爾卑斯山。

有人曾這樣描寫漢尼拔：「沒有一種勞苦可以使他的身體疲乏或精神頹喪。酷暑也好，嚴寒也好，他一樣受得了。無論在騎兵還是步兵裡，他總是把其他人遠遠地拋在後面，第一個投入戰鬥，交戰之後，最後一個退出戰場。」

靠著堅韌不拔的意志、卓越的口才、無與倫比的智慧和靈活的外交手段，漢尼拔終於率領他的大軍抵達了終年積雪的阿

爾卑斯山頂。下山之前，漢尼拔對手下將士們說：「你們跨越的不僅是義大利的天然屏障，也是羅馬城。」然而，大量積雪和惡劣天氣讓下山變得比上山更加艱難，許多士兵、馬匹和戰象都滑落掉下懸崖。

最終，漢尼拔的軍隊以高昂的代價成功翻越了阿爾卑斯山。八百多公里的山路，他們只用了三十三天。出發時，漢尼拔擁有近四萬名步兵、八千騎兵和數十頭戰象；下山後，部隊只剩下兩萬步兵，六千多沒了馬的騎兵和寥寥幾頭戰象，而且，大部分士兵和軍馬都被折磨得身形消瘦、行動遲緩。

幸好，對羅馬統治不滿的高盧部落前來投奔，漢尼拔重新得到了充足的人力和馬匹。休整過後的迦太基遠征軍，如同神兵天降一般出現在義大利北部。元老院接到這個令人震驚的消息後，不得不放棄侵略非洲和西班牙的計畫，集中兵力保衛義大利。

在漢尼拔率領下，迦太基遠征軍連續擊敗了執政官科布列阿斯‧西庇阿和森普羅尼亞。尤其是在第二次的特雷比亞河戰役中，漢尼拔以僅傷亡四百人的代價，將四萬羅馬軍隊打得只剩一萬人。其後進行的康奈戰役，漢尼拔又以步兵四萬、騎兵 1.4 萬人，擊敗了當時步兵八萬、騎兵六千的羅馬軍團。羅馬軍隊損失合計七萬餘人，而漢尼拔損失不到六千人，創造了古代軍事史上以少勝多的輝煌戰例。除此之外，漢尼拔在義大利還取得了多次重要勝利，在亞平寧半島上縱橫無敵。

然而，羅馬畢竟是羅馬，家底雄厚，他們經得起軍力的

損耗，但沒有根據地的漢尼拔即使損耗再小，兵力也是越打越少。羅馬制定了面對漢尼拔的最佳策略——避其鋒芒、磨其精銳。他們採用堅壁清野的戰略，不與漢尼拔正面作戰，而是逐漸消耗漢尼拔的軍隊。

漢尼拔遲遲等不來本土的援軍，他的二弟哈斯德魯巴・巴卡在義大利北部的梅陶羅河戰役中被羅馬軍擊敗身亡，三弟馬戈・巴卡在利古里亞的行動也宣告失敗。及至與馬其頓國王腓力五世的談判破裂後，漢尼拔征服義大利的計畫終於不可挽回。征戰將近十五年後，漢尼拔被迦太基政府召回北非。羅馬再一次化險為夷。

漢尼拔是羅馬史上最嚴重的威脅之一，幸好強大的國力和韌性讓其安然度過。承受了多次衝擊的古羅馬，儘管有時候有些狼狽，但依然屹立不搖。

漢尼拔正如與他同時期的西楚霸王項羽，是天生的軍事統帥，有著無與倫比的戰鬥力。不過，歷史不講個人英雄主義，個人的武力與謀略敵不過劉邦的「約法三章」，也敵不過羅馬的《十二銅表法》。與一個蘊藏偉力的社會制度相比，強大的軍隊即使縱橫一時，也難以阻擋歷史的滾滾洪流。

2. 光榮屬於希臘，偉大屬於羅馬

19 世紀美國著名詩人和小說家愛倫・坡，在《致海倫》中寫道：「To the glory that was Greece and the grandeur that was

Rome.[16]」這兩句詩的本意是讚揚希臘的華美壯麗和羅馬的宏偉輝煌，其傳閱最廣的翻譯是「光榮屬於希臘，偉大屬於羅馬」。

希臘是西方文明的源頭之一，蘇格拉底、柏拉圖、亞里斯多德，僅僅這三個名字就足以彰顯希臘人的無上榮光。而盛極一時、建立起跨亞歐非三大洲之大帝國的羅馬，自然也能當得起「偉大」二字。

羅馬城位於亞平寧半島的中部、第伯河的東岸，靠近拉丁姆和伊達拉利亞的交界處。周圍土地肥沃，足以支持較多的人口；通過第伯河可以到達地中海，和各國貿易。因此，羅馬具有天然的優勢地理位置，控制了義大利中部地區海陸交通的樞紐。

「羅馬」之名據說來自古代英雄、第一任羅馬王羅慕路斯。傳說，他和他的孿生兄弟勒摩斯是戰神瑪律的私生子。羅慕路斯被扔進第伯河，神靈將其救起，還讓一頭母狼以奶餵養兩兄弟。長大後，羅慕路斯建立羅馬城，開啟了古羅馬文明。

古羅馬文明包括羅馬王政時代（前 753～前 509 年）、羅馬共和國（前 509～前 27 年）、羅馬帝國（前 27～476 年/1453 年）三個時期。其疆土基本擴張於共和時代；西元前 2 世紀，羅馬成為地中海霸主；西元 1 世紀前後，成為橫跨歐亞非、以地中海（面積達 250 多萬平方公里）為內海的龐大帝國。直至西元 395 年，羅馬帝國分裂為東羅馬帝國和西羅馬帝國兩部分。隨後，西羅馬帝國在西元 476 年滅亡，歐洲進入

---

16. 愛倫·坡：《愛倫·坡詩選》，曹明倫譯，外語教學與研究出版社，2013 年。

黑暗的中世紀；東羅馬帝國則繼續延續了近一千年，直到1453年亡於奧斯曼土耳其之手。

「偉大屬於羅馬」這話可不是隨便說說的。羅馬的偉大時至今日依然可以看到：羅馬人是古代社會中最頂尖的城市規劃師、建築師和工程師，他們留下了屹立至今的很多偉大建築。

和秦帝國一樣，為了維護龐大帝國的統一，羅馬人需要擁有優良的道路，以方便軍隊迅速調動佈防。在他們所修建的道路中，有一些至今仍在使用。

古羅馬人精良的供水和排水系統堪稱古代的巔峰之作，其中有一些至今仍可以正常使用（如西班牙塞哥維亞的羅馬大渡槽）。它們不僅功在當時，切實地改善了城市的公共衛生，而且耐受住了歲月的考驗，使今天的我們可以由此一窺羅馬人非凡的想像力與傑出的建築才華[17]。

供水系統被認為是羅馬精神的集中體現，即，堅固、實用、耐久。西元前312年，在監察官阿庇烏斯・克勞狄烏斯・克拉蘇斯的主持下，羅馬的第一條輸水道建成。其目的，是為了滿足牛市的用水需求。隨著商業的發展，那裡人口激增；而商人們常常組織的祭神活動，也需要大量的水。此後，輸水道幾經修補和完善，幾乎成了每一任羅馬領導者都必須考慮的事情。古羅馬的工程師，在任何可以穩定獲取供水的地方，都因地制宜地建設了供水管道。家庭可以從中取水，磨坊

---

17. 劉琳琳：《古羅馬城輸水道、排水道的建設及其對公共衛生的意義》，碩士學位論文，東北師範大學，2006年。

86 - 第四章 ・ 狼哺之城——古羅馬的興起與衰落

主可以用它推磨，城市的管理者可以憑此定期澆灌花園、建設噴泉景觀，乃至組織水上表演。

被火山灰掩埋的古城龐貝較好地保留了當時的建設原貌。龐貝把位於塞里羅的奧古斯丁水渠的一條支流引入城市，用於龐貝市的公共澡堂、私人住宅，特別是公共噴泉系統。在龐貝古城的大街上，每間隔 100 米就有一個水池，人們走路不超過 50 米就可以取到水。這麼短的取水距離，在古代令人歎為觀止，甚至連當代的一些國家都未能做到。統計資料顯示，依靠水井取水的城鎮，每天大約只能得到 1000 升水，而圖拉真時代，擁有 8 條輸水道的羅馬城每天都可以得到 1 億升水。

輸水道的建設，還帶動了其他公共衛生設施的發展。比如，城市中的公共廁所一般建在浴室附近或在浴室裡面，既方便人們進入，又有源源不斷地浴後水可用——古羅馬已經有用流水沖洗廁所的做法。在羅馬帝國時期，充沛的供水系統不僅能保證公共澡堂的運營，而且有餘力支撐公共噴泉。後者，除了觀賞，還可以清洗街道。為了解決噴泉水溢到路面上影響通行的問題，城內還畫有幫助人們跨越街道的三維斑馬線。

可以說，古羅馬的管道建設和管理，跟現代沒有太大的不同。實際上，現代許多技術和理念來自古羅馬。

古羅馬的建築業同樣是相當神奇的存在。當時的製磚業非常發達，帝國的軍團經營著窯爐，燒出的磚塊比現在的更大、更重。帶有軍團印記的磚塊銷往羅馬及其他城市，無論是在公共建築還是私人建築中都能找到它們——德國最古老的城市特

里爾的君士坦丁大教堂，就是採用羅馬磚建成的。

羅馬人還發明了一樣比磚頭重要得多的建築材料：混凝土。是的，你並沒有看錯——混凝土並不是現代人的發明，而是兩千年前古羅馬建築工程師們發明的。當時的工程師，用火山灰、石灰、海水和塊狀火山岩石混合製作混凝土。這種混凝土品質和壽命甚至遠遠超過今天的混凝土。如今常見的由矽酸鹽水泥（即波特蘭水泥）製成的混凝土，壽命一般在百年左右，至多也就數百年，而用古羅馬混凝土建造的萬神殿等已經在羅馬城中矗立了兩千年，幾乎完好無損。其理論壽命與岩石類似，可達數千年甚至萬年之久！羅馬被稱為「永恆之城」，也許這是最重要的原因。

羅馬人用他們傑出的建築智慧和混凝土技術，建造了很多偉大的建築。其中最知名的，當屬羅馬鬥獸場和萬神殿。

羅馬鬥獸場是羅馬所有角鬥場中面積最大的，可以容納 9萬人。作為對比，北京奧運的主體育場——鳥巢體育場，座席為 9.1 萬個，而全球超過 10 萬座席的現代體育場也為數不多。在兩千年前完成這樣的宏偉建築，可能只有古羅馬人能辦到了。相對不太知名的馬西莫競技場，是羅馬最大的環形戰車競技場，雖然不如羅馬鬥獸場宏偉，但可容納的觀眾人數達到了驚人的 25 萬。奧斯卡獲獎最多的史詩電影《賓虛》（與《泰坦尼克號》並列，同獲 11 項奧斯卡獎），實景還原了古羅馬的環形戰車競技場，從中可以一睹當年的壯闊景象。

萬神殿更是在建築史上享有盛譽。它擁有一個直徑為 43.3

米、沒有任何支柱的超級大穹頂，一度是世界上穹頂最大的建築。直到 1960 年，才被在羅馬所建的圓頂直徑達 100 米的新體育館超過。換句話說，其世界紀錄足足保持了近兩千年！

而在西羅馬帝國覆滅之後，歐洲缺乏一個強有力的政權。封建割據帶來頻繁的戰爭，天主教對人民思想的禁錮，造成科技和生產力發展停滯，人民生活在毫無希望的痛苦中，歐洲進入了「黑暗時代」。

如今的我們，在鬥獸場、萬神殿依然可以感受古羅馬的永恆，那是一種戰勝了時空的氣度。因而，不難理解中世紀人對於羅馬時代的懷念。正是這種強烈的懷念，後來催生了文藝復興。

3. 古羅馬「一買家社會」的嬗變

說起古羅馬的皇帝，人們最熟悉的無疑是愷撒了。其實最初的獨裁者並非愷撒，而是蘇拉，而真正使得羅馬走向君主獨裁帝制的，則是馬略。

古羅馬經歷了三個時代：王政時代、共和國時代和帝國時代。

西元前 1 世紀中葉的羅馬作家瓦羅推算羅馬城建立於西元前 753 年。這一年份為羅馬人普遍接受，相信他們在建國之初受到 7 個國王的統治。

西元前 510 年，最後一位國王「傲慢者」塔克文被羅馬人

民驅逐，城邦的君主制結束，共和國取而代之。羅馬共和國由貴族建立，政治制度在很大程度上為他們服務。50個貴族氏族，論數量不到自由民的十分之一，但經濟實力雄厚，相互之間婚姻和政治關係密切，控制著國家的主要權力機構。早期共和國的政體比較簡單，真正掌握實權的是執政官和元老院。兩位執政官任期一年，繼承了原先國王的權力，坐象牙椅，在官服上有紫色鑲邊，在戰爭中像原先的國王一樣擔任指揮官，並保留了象徵其強制權威的「法西斯」。「法西斯」是拉丁文，本義是「束棒」，是一種被多根綁在一起的木棍圍繞的斧頭，由執政官持有，在古羅馬是權力和威信的標誌。

原來國王的顧問會議變成了共和國的元老院。執政官負責任命元老院成員，召集他們開會，向他們提交議題。由於執政官任期很短，元老院逐漸由諮詢機構變成監督機構，監督執政官的權力範圍，影響繼任者的選擇。貴族壟斷了執政官的職位和元老院。兩位執政官理論上可以互相否決對方的決定，實際上，因為雙方都是貴族利益的代表者，他們關係十分融洽，難得發生衝突。

在羅馬沒有大規模擴張的階段，這一制度運行還算比較良好。隨著羅馬共和國的勢力擴張，它很快就不能滿足軍隊與長期戰爭的需要。

羅馬共和國原本施行徵兵制，兵源受到財產資格限制，只有貴族階層和較為富有的平民才能成為軍團一員。戰爭帶來的財富很多，卻被貴族們瓜分；戰場距離本土太遠，平民出身

的軍人便不能兼顧戰鬥和耕種。戰爭的結果，可能是貴族們暴富，退役的平民則不得不面對土地荒蕪、無力還債的麻煩。因此，平民參軍益處不大，反而還可能使得自身利益受損，貴族階層和平民階層涇渭分明，社會處在貴族階層分蛋糕、缺乏階層流動的無買家社會。

隨著軍事擴張，徵兵制很快難以為繼。西元前 107 年，蓋烏斯‧馬略在當選執政官後，對羅馬進行了一系列軍事改革[18]，對古羅馬產生了極為深遠的影響。

馬略廢徵兵制、改募兵制，去除參軍的財產限制，凡是自願且符合條件的羅馬公民，包括無財產者，都可以應募入伍。同時，他將軍團步兵按照年齡和作戰經驗，分成三個級別：青年兵、壯年兵和後備兵；按照等級發給薪酬，並建立了比較完善的晉升制度。軍團的服役期限也被固定下來，凡是參軍者，必須在軍隊中服役 20 年，後來又增加到了 25 年。

只要擁有羅馬公民身份，就可以成為軍團士兵。這不僅解決了困擾羅馬多年的兵源匱乏問題，也給了所有平民參與戰爭及晉升的機會。後者對於破產的中產之家和更底層的羅馬人，具有極大的吸引力。這一制度的施行，讓很多平民看到改變命運的希望，大大增強了軍隊的忠誠度與戰鬥力。

馬略改革的結果就是軍事強人的出現。士兵們越來越認可給他們發工資的將領，對於遠在羅馬城的元老院政府，他們已失去了最高認同感。在將領需要他們進軍羅馬，或同政敵的軍

---

18. 朱承思：《馬略軍事改革內容探析》，《蘇州大學學報》1989 年第 01 期。

隊進行戰鬥時，他們都會毫不猶豫地行動起來。因此，羅馬在共和國末期，出現了大大小小的軍閥式人物。

最終，羅馬內部出現了足以控制大部分政治和軍事資源的強人。這些強人充分利用馬略的改革，依靠軍隊控制財富，又用財富籠絡軍隊。沒有軍權或軍事資源不足的元老院，就這樣被日益邊緣化了。最先出現的強人——與馬略爭奪執政官的蘇拉，後來成為第一位獨裁者。隨著愷撒和屋大維成為最高統治者，羅馬開始進入了帝國時代。

羅馬王政時期和共和國早期，屬於按照血統分配資源的無買家社會。然而，不斷擴張的羅馬遇到了「瓶頸」，原有的分配制度無法激發羅馬軍團的能力，不得不進行改革。馬略的改革打破了世襲的貴族階層，令軍隊效忠於唯一的領袖而非原先的元老院，使得羅馬進入了皇帝大權獨攬的一買家社會，滿足了羅馬持續擴張的需求。然而，羅馬並未像中國那樣建立一套廣為接受的思想體系，因而陷入了軍閥持續混戰的旋渦，同時為社會倒退回無買家的中世紀埋下了伏筆。

羅馬共和國末期，愷撒成為終身獨裁官，開始獨掌大權，使羅馬帝制初具雛形。西元前 44 年，愷撒遇刺身亡，遺囑指定屋大維為其繼承人。時年 19 歲，身在希臘阿波羅尼亞軍中的屋大維獲悉後，立即行軍回到羅馬。此時的羅馬正掌握在謀殺愷撒的共和派元老布魯圖與凱西烏斯手中。屋大維設法與愷撒的同僚馬克·安東尼、雷必達結盟，史稱「後三頭同盟」。三人開始清理元老院異端，百餘名元老和上千名騎士被殺。後

來，屋大維剝奪了雷必達的軍權，又擊敗了與埃及豔后克利奧派特拉七世聯手的安東尼，成為唯一的巨頭。

前 27 年，屋大維巧妙運用政治手腕，對外宣稱卸載一切大權，恢復共和制；而後裝作迫於元老院和公民的請求，不得不背離共和制、接受絕對權力，成為首席元老（即元首，元首制由此而來）、最高執政官、終身執政官、終身保民官、大祭司長等，自稱「第一公民」、最高統帥（或譯作「凱旋將軍」「大元帥」），並獲得了元老院授予的「奧古斯都」（意為「神聖的」）和「祖國之父」的稱號。由此，羅馬帝國正式建立。

在羅馬帝制時期的一買家時代，古羅馬文明逐漸臻於極盛。到圖拉真在位時（98 年—117 年），羅馬帝國達到極盛，經濟空前繁榮，疆域也達到最大。此時的羅馬帝國，西起西班牙、高盧與不列顛，東到幼發拉底河上游，南至非洲北部，北達萊茵河與多瑙河一帶，地中海成為帝國的內海，控制了大約 500 萬平方公里的土地，是世界古代史上國土面積最大的君主制國家之一。

西元 395 年，羅馬皇帝狄奧多西一世於米蘭去世，他將帝國分為東西兩部分，東部分給長子阿卡迪烏斯，西部分給幼子霍諾里烏斯。從此，羅馬帝國分裂為東羅馬帝國和西羅馬帝國兩部分。此時的西羅馬帝國，已經開始走下坡路，直至西元 476 年滅亡。歐洲進入黑暗的中世紀，原本統一的帝國，分裂成數個小國家，權力落在新生的皇帝、國王、公爵等人手裡。他們按照血統分封貴族，希望將自己的權力世襲傳承。無買家

社會再次出現，社會也因此變得萬馬齊暗、死氣沉沉。大多數歐洲國家暗無天日，一蹶不振。

而在東邊的東羅馬帝國，依然憑藉優良的地理位置和強有力皇權，一直支撐到近一千年後的十五世紀中葉。

4. 漫漫中世紀：歐洲的至暗時刻

中世紀被很多人稱為「黑暗時代」。羅馬帝國崩潰後，王公貴族割據一方，整個歐洲各自為戰，文明大踏步後退，宗教戰亂成了這個時代的主題。

「中世紀」一詞，是 15 世紀後期的義大利人文主義者比昂多開始使用的。這個時期的歐洲缺少一個強有力的政權，封建割據引起頻繁的戰爭；天主教對人民思想的禁錮，造成科技和生產力發展停滯，人民生活在毫無希望的痛苦中。文藝復興時期的學者，將其看作文明衰落的時期；啟蒙學者認為理性優於信仰，因此將中世紀視為無知和迷信的時代。

如果光看這些，不能完全理解中世紀，我們不妨穿越，看看我們到歐洲中世紀之後，會面臨怎樣的情況。

中世紀起於西元 5 世紀，結束於西元 15 世紀，橫跨了一千餘年。其中，晚期（約 1300~1500）格外糟糕。社會生產力低下，幾乎沒有什麼公共福祉可言。據估計，1480 年的義大利，城鎮居民平均壽命只有 30 歲，鄉村居民略高一點，大概在 40 歲左右。在那個時代，要想活到知天命之年，可不是

一件容易的事情[19]。

首先遇到的，很可能是恐怖的頭號殺手：鼠疫。

鼠疫堪稱中世紀的最強殺手。鼠疫又稱黑死病，會引起淋巴腺炎，導致全身腫脹，使得皮膚由於血液毒素而變黑。其傳染性極強，患者打噴嚏或吐痰時，病菌能通過飛沫傳播；而病死率極高，以當時的醫療條件，一旦感染，一周內的死亡率高達 70%~80%。

在十四、十五世紀，鼠疫摧毀了很多城鎮鄉村，導致歐洲的人口銳減。它從十四世紀中葉開始在歐洲蔓延，肆虐了西歐和中歐地區，甚至擴展到北歐斯堪第納維亞半島、英倫三島、西班牙和俄羅斯。數以萬計的歐洲人感染鼠疫而死，身體較弱的兒童更是深受其害。

據統計，這種疾病導致 5000 萬歐洲人死亡，使得歐洲人口減少了一半。相應地，歐洲的人口平均壽命大幅下降。

避開了鼠疫，是不是就安全了呢？當然不是，前面說不定還有難挨的饑餓還在等著你。

中世紀的農業生產能力非常脆弱，遇到天災甚至氣候稍有變化，就可能引發饑荒。

最知名的一場饑荒，是十四世紀初的「大饑荒」（The Great Famine）。從 1300 年開始，地球進入了「小冰河期」，導致歐洲的氣溫比之前低很多。從 1315 年開始的七年裡，西歐幾乎每年出現長達數月甚至將近半年的超強降雨期。低下的生

---

19. 矗文：《中世紀西歐流行病及其防治研究》，碩士學位論文，陝西師範大學，2016 年。

產力難以應對惡劣天氣，導致糧食儲備的缺乏和大面積的糧食減產，進而引起長達數年的大饑荒。當時的歐洲可以說餓殍遍地，據統計，僅僅在英國，每七個人當中就有一個人死於大饑荒。

糧食供應稀少，人們只能靠黴爛的小麥和一些漿果維持生活，甚至還有人還被迫啃食樹皮。極度的營養不良又增加了疾病流行的可能，大饑荒期間，很多人死於肺結核、天花、痢疾等流行病。

躲過了鼠疫、逃過了饑荒，還有一些很容易遇到的大殺手——暴力、仇殺乃至於戰爭。

中世紀的歐洲，暴力無處不在。上街可能遇到街頭暴力，酒館裡常有暴力衝突，在城市裡，搶劫、謀殺等各種暴力案件也時有發生。

另外，血親復仇現象長時間、大範圍地存在，一些復仇行為還得到了法律的支持。當時的法國有句諺語：「要嘛接受長矛，要嘛收買長矛。」意思就是要嘛「以血還血」直接報復，要嘛接受賠償來了結恩怨。法國歷史學家馬克‧布洛赫說，中世紀的生活，始終籠罩在私人復仇的陰影下。很多家庭因此陷入無窮無盡的仇殺之中，就像莎翁名著《羅密歐與茱麗葉》裡的兩大家族一樣。

家族間的衝突與舉國戰爭，很多時候只有一紙之隔。封建領主是其所統治地區的權力中心，他們之間的爭鬥既可看作私人恩怨，也可看作領地爭端。當各個領主基於信仰和利益結盟

對抗時，會將整個國家都捲入戰爭的泥沼，比如 12 世紀和 13 世紀義大利的圭爾夫黨（教皇派）和吉卜林黨（皇帝派），就進行了曠日持久的戰爭。

當時的歐洲還奉行攻擊異端。中世紀宗教眾多，有天主教、東正教、猶太教，以及一些宗教的支派。這些宗教之間、甚至支派之間，相互視對方為異端，流血衝突不斷。比如，當時的猶太人就過得很悲慘，整個歐洲的基督教徒們在數百年裡一直攻擊猶太人。1290 年英國約克、林肯、倫敦等城市爆發了對猶太人的屠殺，所有猶太人都被驅逐出英國。

連綿不絕的戰爭與殺戮在中世紀司空見慣。英國的玫瑰戰爭，僅僅是其中的一場陶頓戰役（1461 年），就奪去了數萬人的生命。除了內鬥，歐洲人還組成十字軍征討異教徒。11 世紀末的十字軍東征，造成了當時歐洲人口尤其是青壯男子的大量流失。

中世紀的歐洲，很難尋找一塊和平安寧的土地，個人生存面臨著各種危機。這和當時社會發展停滯、生產和財富創造乏力有很大的關係。可以說，西羅馬帝國崩亡所帶來的社會退步，讓整個歐洲陷入了長達數百年的至暗時刻。

第五章・歐洲的黎明：從文藝復興到全盛時代

　　中世紀的歐洲人，像是生活在沉沉的黑夜裡，卻似乎從未停止尋找光明。

　　時間的巨輪推進到了十六世紀，在歐洲開啟了一個新時代。它群星璀璨——傑出的人物不斷湧現，新的思潮層出不窮，論影響之深遠，在歐洲史乃至世界史上都罕有其匹。這就是我們所耳熟能詳的「文藝復興」。

　　文藝復興有很多讓人驚歎不已的成就，其中某些也許超越了很多人的想像。比如，對仿生機器人的最早討論，就出現文藝復興時期的一份手稿中。

　　如此神奇的事情，也許只能用「有人穿越了」來解釋了。

1. 來自未來的穿越者

　　1994 年 11 月 11 日，紐約佳士得拍賣行。

　　佳士得是全球歷史最悠久也最負盛名的拍賣行之一，它在倫敦第一次落錘拍賣的時候，美國甚至還沒有誕生。在之前的兩個多世紀裡，拍賣師們拍出了無數珍貴的古董和藝術品。而在 1994 年的這個「雙十一」，克利斯蒂拍賣行同樣展示了很多珍品，其中最引人矚目的是一份十六世紀的手稿。正是這份手

稿，讓西方世界幾乎所有的藏書愛好者都陷入瘋狂。

　　這部用粉紅色墨水書寫和繪製的手稿，初看上去像是以某種拉丁字母文字寫成，不過，即使拿給一個使用拉丁字母的人（義大利人、西班牙人、希臘人等）他也看不懂——因為這份手稿是運用了獨一無二的鏡像書寫。所有的文字都是從右往左反著寫，只有借助鏡子才能將其還原、進行解讀。

　　幸好，手稿中有很多清晰精細的插圖，讓我們一窺大概。如果你懂得十六世紀的義大利人，那麼，在鏡子的幫助下，你將發現令人驚歎的真相：手稿只有 18 張、72 頁（正反面書寫，中間對折），卻涉獵廣泛、邏輯嚴謹。內容以水文學為主，也涉及天文學、地質學、考古學，甚至光學；在其中，縝密的學術推理演繹隨處可見，各種發明和新發現更是不勝枚舉。

　　最終，它由當時的世界首富比爾・蓋茲拍得，價格達到了驚人的 3080 萬美金。每一張手稿的價值超過 170 萬美金，可以說是全世界最昂貴的紙了。

　　從通澎的角度考慮，20 世紀 90 年代的 3080 萬美金比如今值錢得多。舉個例子，1994 年 NBA（美國職業籃球聯盟）的傳奇球星、被譽為「籃球之神」的邁克爾・喬丹年薪僅僅為 385 萬美元，而 2019 年 NBA 頂級球星的年薪已經超過了 4000 萬美元。當然美元實際購買力的變化沒有這麼誇張，1994 年的 3080 萬美元大約相當於 2019 年的 5300 萬美元，折合人民幣約 3.7 億元。將手稿的價格換算為今天的人民幣，其單價約為 2000 萬。不出意外的話，手稿的總價、單價，在圖

書市場都空前絕後。

這部手稿就是大名鼎鼎的《萊斯特手稿》[20]，出自義大利文藝復興時代的全能天才萊昂納多・達・芬奇。達・芬奇是個左撇子，所以自行設計了特殊的「鏡像文字」；他又有隨時做筆記的習慣，而後根據主題，將散亂的紙張裝訂成冊。他死之後，留下的手稿多達一萬餘頁。《萊斯特手稿》書於1506—1510年，不過是其浩瀚思想的一個角落。

達・芬奇可以說是整個西方藝術史上最傑出的藝術家之一，他的《蒙娜麗莎》享譽世界。不過，達・芬奇的成就遠遠不止於藝術領域。他不僅是畫家、音樂家、雕塑家，還是數學家、解剖學家、天文學家、發明家、哲學家、醫學家、建築工程師，甚至軍事工程師；更厲害的是，在任何一個領域，他都達到了當時的極限，足以留名青史。由於他的才華過於全面與神奇，以至於現代的很多人覺得他不屬於那個時代，搞不好是來自未來的穿越者。

那麼，達・芬奇的故事到底是怎麼樣的？

達・芬奇從小就是一個好奇寶寶，一個會動的「十萬個為什麼」，他總是會思考一些在當時看來很奇怪的問題：為什麼鳥可以在空中飛，啄木鳥的舌頭到底長什麼樣子。正是因為如此，他才醉心於科學研究，研究各種領域的知識，繪製各種設計的概念圖。

實際上，達・芬奇在科學和工程領域的成就毫不遜色於

---

20. 斯科特・克利斯蒂安松：《文件中的歷史》，王兢譯，北京聯合出版公司，2017年。

其藝術作品。去世的時候，他留下的筆記，內容既涉及藝術，也涉及科學。其提到的科學知識，固然屬於人類的早期認知，論精密複雜，卻足以讓當代人讚歎。相比之下，他完成的繪畫作品並不多——當然，件件都是不朽之作。就是在繪畫的時候，他也沒有忘記將科學藝術融入其中，形成了鮮明的、美術史上獨一份的風格。

達・芬奇曾經寫信給米蘭的統治者，列出應該給他一份工作的理由。在十個編號的段落中，他精心地說明了自己的工程技能，包括設計橋樑、水道、大炮和裝甲戰車。在求職信的最後，他才想起來自己也是一個藝術家，於是加了一句：「就像我什麼畫都能畫那樣，我無所不能。」

就像他在信裡所說的那樣，在他的手稿裡，我們可以找到很多今天看起來都不可思議的東西。

在他的手稿中，記錄著人骨的生理結構。這些解剖圖本身已精準非常，達・芬奇又在其後附上了自己的醫學簡介，比如人四肢是如何運動的，比如血液的功能，他認為血液對人體起著新陳代謝的作用，並認為血液是不斷循環的。他發現心臟有四個腔，並畫出了心臟瓣膜，還由此推斷很多老人的死因可能是動脈硬化，而動脈硬化是因為不運動所致。他甚至設計了一套方法以修復心臟。鑑於達・芬奇在生理解剖學上取得的巨大成就，不少人認為他才是近代生理解剖學的始祖。

除了醫學，達・芬奇在仿生學上也有前無古人的突破。他設計了世界上第一個仿生型機器人，也是世界上第一個按照程

式執行任務的機器人。這個機器人今天看起來有點簡陋，其蘊含的理念卻非常驚人。要知道，達‧芬奇是十五、十六世紀的人，那個年代的中國還處於明朝！

在軍事上，達‧芬奇也十分超前。1915 年，福特公司生產了第一輛現代坦克；而在那五百多年前，達‧芬奇已經設計出原始版的坦克。囿於時代，它從未參加實戰，不過，後來的仿製測試顯示，其絕不是紙上談品的產物，而是具有一定的殺傷力。

達‧芬奇還設計了自驅式汽車。其內部雖無熱機，卻有發條樣裝置，可以蓄力、進而推動汽車。他設計的有履帶的自行車，比歐洲的第一輛自行車早了兩百多年，比中國古書上記載的手搖式自行車也早了一百多年。

達‧芬奇的機械設計非常多，例如潛水呼吸器、懸掛式滑翔機、降落傘、潛水艇、飛行器等，都超越時代，以至於讓人難以相信。

機械之外，他還研究世界的本源。他重新發現了液體壓力的概念，提出了連通器原理；他是最早研究摩擦力的人，發現了慣性原理。這些研究讓達‧芬奇感覺自己觸碰到了「世界的秘密」，於是，他選擇將這些秘密藏起來，以至於其手稿一直到 19 世紀才被人發現。

很多人看到達‧芬奇手稿，都覺得他是個穿越者，否則很難解釋那些先進的理念怎麼會出現於五百多年前的頭腦中。連愛因斯坦都說，如果這些手稿未被隱藏，現有科技成就可以提

前半個世紀實現。

2. 文藝復興：以人性之名

　　達・芬奇是英傑輩出的文藝復興時代的一個縮影。他的成就表明新思維和新勢力的崛起——中世紀末的歐洲，已經到了變革的前夜。這一點從達・芬奇最出名的作品《蒙娜麗莎》中就可以看出端倪。

　　《蒙娜麗莎》可能是全世界最出名的油畫作品，它畫在一塊高77公分、寬53公分的黑色楊木板上。蒙娜麗莎坐在一把半圓形的木椅上，背後是一道欄杆，隔開了人物和背景；背景的道路、河流、橋、山巒，在達・芬奇「無界漸變著色法」的筆法下，和蒙娜麗莎的微笑融為一體，散發著夢幻的氣息。仔細看《蒙娜麗莎》，你會發現畫面上的蒙娜麗莎沒有眉毛和睫毛，面容看起來非常沉靜和諧。只看蒙娜麗莎的嘴時，你會覺得她沒怎麼笑；而當看著她的眼睛時，又會覺得她在微笑。

　　有人說，《蒙娜麗莎》同時展現了神性和人性的光輝。其實，即使有神性光環，達・芬奇的做法在當時也是背道離經的。

　　文藝復興以前，歐洲的繪畫藝術都強調肅穆的神聖感，刻意製造距離感。畫中人物一般不苟言笑，看起來毫無生氣。站在畫前，會感覺他們就和大教堂的穹頂一樣高不可及。但達・芬奇的《蒙娜麗莎》卻給了觀眾一種截然不同的體驗。

確實，蒙娜麗莎的表情，同樣顯示出一種神性、一種超脫塵世的觀感，肯定了人類脫離自然狀態的意義，擁有使人心靈沉靜的力量。和其他宗教畫不同的是，她在微笑，一個活生生的、具有神秘魅力的女人在畫中微笑，像一位真實存在的人一樣在觀眾面前微笑。

這種微笑，吸引了眾多學者的目光。心理學先驅、精神分析學派的創始人佛洛伊德認為，達·芬奇將自己對母親的記憶下意識地融入了畫作中；美國伊利諾州立大學的學者開發了一種情緒識別軟體，其對蒙娜麗莎的微笑的分析結果是：83％的喜悅，9％的厭煩，6％的恐懼，2％的憤怒。還有一些學者，在浩如煙海的史籍裡尋找畫作中的女子，認為她的表情完美地融合了幸福與悲傷[21]。

這些結果也許還需要時間的檢驗，我們現在就可以肯定的是，《蒙娜麗莎》一掃中世紀繪畫中的呆木僵硬，表現出一股鮮活的生氣，畫中人以一種過去數百年未曾有過的全新形象出現，煥發出了奪目的人性光輝。

所以說，如果有人問文藝復興到底復興了什麼，其實《蒙娜麗莎》就能給出一個很好的答案。表面上，文藝復興是復興歐洲曾經的黃金年代——古希臘與古羅馬的文藝傳統，實際上，文藝復興更類似於一種「解鎖」，解開被當時的宗教傳統和社會體制所束縛住的人性。

人性是什麼？這個說起來很複雜，但可以肯定的是，人

21.Niels Christian Pausch and Christoph Kuhnt, "Analysis of Facial Characteristics of Female Beauty and Age of Mona Lisa Using a Pictorial Composition," *Journal of Advances in Medicine and Medical Research*, (June 2017), pp. 1–7.

都有欲望，都希望能夠衝破壓制、得到自由。文藝復興提倡的人性之上，就是提倡個人自由、人人平等，承認欲望的存在，提倡競爭進取和科學求知。換句話說，文藝復興追求一種人文主義精神，其核心是以人為中心而不是以神為中心。文藝復興反對教會壓制和束縛人創造力的神學思想，肯定人的價值和尊嚴，認為人是現實生活的創造者和主人，主張人生的目的是追求現實生活中的幸福。

文藝復興時期歐洲最傑出的人物有七個人：文學三傑（但丁、彼特拉克、喬萬尼・薄伽丘）、美術三傑（達・芬奇、拉斐爾・桑西、米開朗琪羅）和英國的莎士比亞。

在文學上，不管是比特拉克的詩歌、莎士比亞的戲劇，還是但丁的《神曲》、薄伽丘的《十日談》，都反映出了他們對於人文主義的大力推崇與宣導。而在文藝復興時期的三位畫壇巨匠——達・芬奇、拉斐爾・桑西、米開朗琪羅，更是將人文主義深深銘刻進西方美術史之中。

文藝復興對於整個歐洲社會的最大意義就在於，以人性為名，為打破中世紀嚴格的貴族制度進行了思想層面的啟蒙。

可以說，文藝復興打開了歐洲的天窗，黑暗的中世紀出現了一縷光——從那時起，歐洲古老的光榮傳統，醒了。

3. 歐洲的黎明：新的多買家社會格局

文藝復興並非是突然出現的，在中世紀末的歐洲，它可以

說是「人民的選擇」。

在經過了多次十字軍東征之後，歐洲與遙遠的國家建立了貿易關係。貿易的繁榮促進了城市的發展，市民階層開始不斷壯大。當時的市民們驚奇地發現，他們所生活的時代遠非最好的時代，甚至比起過去的羅馬時代來都差很遠——被宗教制度禁錮了思想和行為的歐洲人，重新發現了古典時代的文明魅力。

當時的人們開始覺得教堂裡的畫像太呆板、太乏味了，他們發現古典時代是那麼美好。他們開始把自己的生活與羅馬帝國相比較——拋開信仰不同，後者擁有精美的雕塑、繪畫與建築。生活在義大利亞平寧半島上的人們，對此感覺尤為深刻。義大利到處都是的古羅馬廢墟，從前被認為是「異教徒的殘餘」，而現在，人們又重新發現了它們美好的一面。這也就是為什麼文藝復興首先在義大利興起。

東羅馬帝國（又稱拜占庭帝國）的覆滅也在一定程度上促進了文藝復興。東羅馬帝國覆滅之後，拜占庭的知識階層流落到了南歐和西歐，他們為文藝復興做出了知識層面的準備——比如，文藝復興文學三傑之一的彼得拉克，就是拜占庭帝國流亡修士巴爾拉姆的學生。

文藝復興給了當時的歐洲人拋棄傳統的信念和努力進取的勇氣。人們不僅發現了古典時代的美，還重新認識萬事萬物，他們不再以宗教的眼光去觀察自然，而是用自己本身的眼睛去觀察和創作。

自由和平等開始在人們心中萌芽。人們開始不那麼在意他們是不是服務於上帝，不再去關注人的出身、職業、宗教、國籍，而更關心未來的發展機會。可以說，文藝復興使得人們更珍視自身價值，讓「人生而平等」這一樸素觀念逐步深入人心，並以此為基礎，開始引發深刻的社會變革。

在文藝復興後，教皇雖然仍有一定的影響力，但實際控制力大大降低。而依靠血統瓜分社會紅利、蠶食社會活力的各國王室與貴族，猛然間發現新興勢力的崛起，並開始與他們掰手腕、講條件了。這些事就像是多米諾骨牌一樣，一個接一個地出現於歐洲，引起重大變革，使得歐洲的發展走上了一條快車道。

第一張骨牌，源自哥倫布與西班牙國王的協議[22]。

哥倫布最開始只是一個出身卑微、默默無聞的水手，卻有當航海家的豪情壯志，還有著一種不為其他人所理解的「白日夢」——當時葡萄牙正試圖尋找繞過非洲前往印度的航線，但哥倫布認為不必繞過非洲，只要一直向西航行便可到達印度。

從 1484 年開始的八年裡，哥倫布不斷向西班牙國王提出向西航行的建議。到 1492 年，由於西班牙王后的大力支持，西班牙國王才同意這一計畫。1492 年 8 月，已經 41 歲的哥倫布帶領 120 人分乘 3 艘小船離開西班牙，開始向西的環球航行。後面的事情大家都知道了：1492 年 10 月 12 日，經過 30 多天的航行，他們終於登上了北美巴哈馬群島中的聖薩爾瓦多島。

---

22. 張愛珍：《西班牙君主與哥倫布的協議》，《九江師專學報》1991 年第 4 期。

此後，哥倫布又先後三次航行到美洲沿岸，進行實地考察，成為西方第一個發現美洲的人。

哥倫布當然不會無私地做這種壯舉。在成功之後，哥倫布提出了自己的開價，他和西班牙國王、王后訂立了一個契約：「國王與王后對哥倫布發現的新大陸擁有宗主權；哥倫布被封為貴族暨大西洋海軍元帥，被准許擔任未來所發現的島嶼和陸地的總督，而且這些頭銜都可世襲；新發現土地上產品的10%歸他所有；他也能參與新土地上所有的商業活動，投資和利潤可占總額的1/8；而他有權利對前往新大陸經商的船隻徵收10%的稅，對自己運往西班牙的貨物實行免稅。」

類似的，1519年麥哲倫航海探險計畫開始實施時，西班牙國王也答應，從新發現的領土中撥出 1/20 賞給麥哲倫，並允許其參與未來的土地開發。因此，那個年代的遠航探險不僅可以帶來榮譽，更可以致富。基於利益的契約，使歐洲航海探險從一開始就注重新發現的記錄與發佈。他們每發現一塊新的陸地、一座新的島嶼，就對其命名，並劃入本國的版圖。

哥倫布的航海掀開了一個新時代——大航海時代。作為被推倒的第一張骨牌，它一方面大大增加了歐洲的人口、土地等資源，擴展了歐洲的發展空間，另一方面，為當時的歐洲社會打開了一扇門。正是這扇門，完結了按血統分紅的舊時代，開啟了以契約、平等精神核心的多買家時代。

第二張骨牌，是荷蘭這個全球貿易王國的崛起[23]。

23.《文明之光（第二冊）》人民郵電出版社，2014年。

西班牙因為大航海而崛起，成為當時歐洲乃至世界首屈一指的強國。而荷蘭在 1463 年正式成為國家之後，於 16 世紀初接受了西班牙的統治。

西班牙人的盤剝和壓榨引起了荷蘭人的反抗。從 1568 年開始，由於不滿西班牙國王的中央集權和對新教加爾文派的迫害，荷蘭北方省爆發了持續 80 年的反抗西班牙戰爭。

1581 年 7 月 26 日，來自荷蘭各起義城市的代表在海牙鄭重宣佈：廢除西班牙國王對荷蘭各省的統治權，聯盟正式獨立，成立荷蘭共和國（正式名稱為尼德蘭聯省共和國）。1588 年，七個省份聯合起來，宣佈成立荷蘭聯省共和國。這是一個煥然一新的國家，很多歷史學家認為，它是世界上第一個「賦予商人階層充分的政治權利的國家」。

荷蘭在航海方面遠遠落後於葡萄牙和西班牙，但它很好地利用自己的港口優勢做起了二者的中間貿易者，使得商貿業大大發展。商人的勢力非常強大，甚至從當時的貴族手中「買」來了城市管理權。

商人治國，催生了許多經濟思維式的國家運作方式。實際上，今天耳熟能詳的股份公司、證交所、銀行、信用制度等，都誕生於荷蘭。不過，荷蘭發展商業的同時，沒有發展工業，這為後來者英國提供了機會。

1648 年西班牙國王菲力浦四世簽訂《明斯特和約》，承認七低地尼德蘭七省聯合共和國。從西班牙獲得獨立之後，荷蘭在世界各地建立殖民地和貿易據點，其商船數目超過歐洲所

有國家商船數目總和，成為 17 世紀航海和貿易強國，被譽為「海上馬車夫」。這段時期被稱為是荷蘭的「黃金年代」。

1602 年，在共和國大議長奧登巴恩維爾特的主導下，荷蘭聯合東印度公司成立。1648 年西班牙正式承認荷蘭獨立時，荷蘭已達到了商業繁榮的頂點，繼西班牙之後成為世界上最大的殖民國家。

到 17 世紀中葉，荷蘭聯荷蘭省共和國的全球商業霸權已經牢固地建立起來。此時，荷蘭東印度公司已經擁有 15000 個分支機構，貿易額占到全世界總貿易額的一半。懸掛著荷蘭三色旗的 10000 多艘商船游弋在世界的五大洋之上：當時，全世界共有 2 萬艘船，荷蘭有 1.5 萬艘，比英、法、德諸國船隻的總數還多。

荷蘭的崛起開啟了歐洲社會的新篇章——平等平權和結果制勝。荷蘭的全面商業化，在荷蘭人當中形成了一種特別的氛圍：沒有誰天生就能擁有權力和資源，誰能誰上，誰賺錢的本領越大，誰的地位就越高。這和當時歐洲其他地方，王公貴族、教皇主教把持權力的格局形成了極為鮮明的對比，進而驅使荷蘭人爭相出海。可以說，整個荷蘭社會充滿了高漲的拼搏欲望。

第三張骨牌，是英國《大憲章》的簽署，也即法治思想的確立與傳播。

《大憲章》又稱為《自由大憲章》，由英王約翰一世在 1215 年簽署。以今天的眼光看，《大憲章》中有許多怪異、瑣

碎乃至不徹底的地方，不過其「限制王權」的思想非常鮮明，有著濃厚的進步主義色彩[24]。

作為國王，約翰一世當然不喜歡限制君主權力的《大憲章》，只可惜在當時他不得不簽署。約翰一世是著名的「獅心王」理查一世的弟弟。理查一世無子，原本指定侄兒亞瑟為儲君，後來才把王儲換成約翰。約翰一世上臺後很快囚禁並殺死了亞瑟，大失人心；後來，對法戰爭中，他又殘酷盤剝百姓、在布汶戰役慘敗，激起了極大的不滿。此外，約翰一世與教皇就坎特伯雷大主教的任命上也出現爭執，最終被迫向教皇屈服。種種壓力之下，約翰一世不得不簽下這份意義非同一般的《大憲章》。

然而，「不得不」就是不情不願，在不情不願的情況下簽署的文件，能有多大效力？在簽署後，《大憲章》沒能緩解國王和貴族的矛盾，反而引發了英國的內戰。之後的 200 多年，金雀花王朝將其修改了十幾次，再晚一些的都鐸王朝時期，它又沉寂了 200 多年，直到文藝復興時期的英國「光榮革命」後，才被正式確立下來。

從本質上說，《大憲章》不是為了建立憲政民主國家和人類理想社會的憲章性文件，而是在血與火的政治鬥爭中討價還價的政治契約。但從整個人類社會發展歷史來看，《大憲章》初步確立了法治與自由的基本原則。可以說，其簽署是人類法

---

24. 埃德·韋斯特：《1215：約翰王、貴族戰爭與《大憲章》》，譚齊晴譯，化學工業出版社，2021 年。

治化進程的一個重要轉捩點。

《大憲章》在第 1 條就承諾,「英國教會當享有自由,其權利將不受干擾,其自由將不受侵犯」。第 13 條又承認倫敦等城市的「擁有自由與自由習慣」。第 63 條不但重申「教會應享有自由」,也承諾「英國臣民及其子孫後代」「充分而全然享受《大憲章》所述各項自由、權利與特權」。通過這些條款,整個《大憲章》傳達了這樣一個意思:交稅與否,要獲得民眾的同意,而在交稅之外,民眾享有充分的自由。正是因為這一點,《大憲章》也被廣泛稱為「自由大憲章」。

《大憲章》在人類歷史上第一次以法律契約的形式公開確立了國王不能凌駕於法律之上的原則。《大憲章》第 38 條規定:「自此之中,在沒有確實可信的證人或證物時,治安官不得任意使人接受審判。」即是說,治安官不能將自己當作王權的代表,隨心所欲地抓捕民眾,而應該為公正服務。接下來的第 39 條,不僅在當時振聾發聵,而且被寫入了今天的英國法律,還深遠地影響了法律思想,成為法治精神的基石——「任何自由人,如未經其同級貴族之依法裁判,或經國家法律判決,皆不得被逮捕、監禁、沒收財產、剝奪法律保護權、流放,或加以任何其他損害。」

最讓國王不安的,大概是第 61 條。它規定,由二十五名男爵組成代表團,監督國王的言行和《大憲章》的貫徹。其中任意四人意見一致,就可以對國王提出意見;如果國王和其大臣侵犯了「任何人的任何權利」,或者不肯遵循代表團的意見,

他們有權採取行動，在必要時剝奪國王的城堡、土地和財產。儘管在歐洲中古時期有這種慣例，但是通過政治契約形式將其加之於一國國王，在人類歷史上卻是史無前例的。「王在法下」，實際上蘊含著現代法治中的一條最根本性原則，即法律最大，國王、政府、政黨、組織和個人等都不能超越法律。人類社會中的法治觀念（「the Rule of Law」），從此開始萌生。

最初版本的《大憲章》，三分之二以上的條款提及，國王不能任意徵稅、亂徵費、亂攤派。其簽署，以及圍繞其的博弈，最終在光榮革命後催生了一種新型國家體制，也就是我們今天說的憲政民主。憲政民主的一個基本邏輯是，政府用來治理國家的錢，只能來自經議會批准的稅收。這意味著權力受到制衡與監督——國王和政府不能隨心所欲地徵稅。

《大憲章》的影響極其深遠。《大憲章》是英國人的自由精神、普通法和議會的源頭，影響了英國的政治制度、法律制度和整個英國社會的發展進程。著名的法國《人權宣言》以及法國歷次憲法的序言部分都充滿英國《大憲章》中所基本確立下來的法治精神，美國的聯邦憲法和各州憲法也都包含有《大憲章》的「法治」「自由」及「監督權力」的基本思想。可以說，《大憲章》影響了整個西方乃至於世界各國法治化的進程。

文藝復興帶來的思想變革推動了歐洲社會的深刻裂變，多米諾的效應讓一個個歐洲強國崛起，使得一種全新的社會形態開始逐漸成型。

哥倫布與西班牙國王的契約打破了血統的制約，新的上升通道出現，直接開啟了大航海時代，西班牙和葡萄牙從此崛起；荷蘭人的資本主義發展，讓平等平權和結果制勝成為社會共識，就此荷蘭取代西班牙成為歐洲第一強國；《大憲章》的簽署以及在光榮革命後正式發揮效力，讓法治精神和權力監督思想滲透到社會的核心層面，「日不落帝國」由此煊赫一時。

　　三張骨牌推倒了——文藝復興帶來了人人平等的觀念，哥倫布們的探險帶來了成就新買家的途徑，而《大憲章》和股份制公司之類的政治經濟機制則讓「以結果認定買家」這一制度固化下來。由此，一種與中世紀截然不同的社會分配制度誕生了。

　　在國王掌控所有資源的一買家社會中，大部分人只能依靠對國王的效忠來獲取資源和實現階層躍升。而新的社會形態下，決定階層和財富的不再是國王，而是自由競爭。因此，人人都有成為新買家的可能；社會上的買家多了，人們也不用再對國王效忠。

　　這一方面大大刺激了人的能動性，另一方面，改變了人們看待世界的方式。人們不再在有限的存量上進行爭奪，而更多地追逐增量，像哥倫布那樣，尋找新的蛋糕。

　　在自由開放風氣的刺激下，整個西方世界開始迅速崛起，人類文明從這一刻起也走上了快車道。現代活字印刷術發明了，書籍可以大規模印刷了，知識可以大面積傳播了；火槍改進了，雖然還很原始，但騎士時代就此走向末路；馬丁·路德

向教廷發難，發動了宗教改革，基督教再一次分裂、新教由此誕生，信徒不必依附於腐敗的教廷；新大陸發現，讓歐洲人又有了開疆擴土的去處……

從佛羅倫斯的文藝復興開始，歐洲逐漸邁過黑暗的中世紀，迎來了黎明的曙光。

4. 比一個國家還要強大──荷蘭東印度公司

人類有史以來影響力最大的公司是哪一家呢？

有的人會說蘋果公司，蘋果手機的出現推動了移動互聯網的發展；有的人會說微軟公司，如果沒有視窗系統，個人電腦的普及也許沒有這麼快；其他備選的方案可能包括華為、索尼、通用電器……從商業史的角度說，這些公司都是錦上添花，是集大成者，而不是開創者。

有一家公司，創造了「法人」、「證券交易所」等如今耳熟能詳的名詞，在人類歷史上第一次進行了公開募股；極盛時期，歐洲與亞洲之間的海路上，滿是他們的商船；而他們運送的貨物，咖啡、茶葉、胡椒，改變了歐洲人的生活習慣，又隨著歐洲在近代的擴張，成為了現代生活方式的一部分[25]。有人推測，其市值一度高達 7800 萬個荷蘭盾（Dutch guilders），相當於今天的 7.9 萬億美元！果真如此，它不但是影響力最大的公司，也是有史以來市值最高的公司。

---

25. 羽田正：《東印度公司與亞洲的海洋》，林詠純譯，八旗文化，2018 年。

它，就是荷蘭東印度公司，成立於 1602 年 3 月 20 日，解散於 1799 年，存在了差不多兩百年[26]。

公司成立後，先後佔領波斯、孟加拉、麻六甲、暹羅（今泰國）、印度馬拉巴海岸和柯洛曼德海岸。到 1669 年，公司已經成為世界上有史以來最富有的公司，擁有 150 條商船，40 條戰艦，50000 名員工和 10000 人的私人武裝；公司的投資收益率高達 40%，投進去的錢兩年就能翻番，可以說極其驚人。

在荷蘭東印度公司存的將近兩百年間，公司總共向海外派出了 1772 艘船，約有 100 萬人次的歐洲人搭乘 4789 個航次前往亞洲地區。其每個海外據點，平均有二萬五千名員工，一萬兩千名船員。有鑑於其實力和影響力，荷蘭政府給予了公司在亞洲進行殖民活動的壟斷權，期限 21 年。

在近 200 年的時間裡，荷蘭東印度公司在世界貿易中有著極其重要的影響力。毫不誇張地說，它是世界上第一家跨國公司，第一個可以發行貨幣的公司，也是第一個股份有限公司。由於政府持有公司股份，公司還擁有鑄造貨幣、自組軍隊或傭兵、與外國簽訂條約、建立殖民地等權利，使其成為一個具有國家職能、能進行殖民掠奪和壟斷貿易的超級公司。可以說，它不是國家勝似國家，其實力超過了當時世界上絕大部分國家。

荷蘭東印度公司的發家史和總督科恩有很大關聯。

1619 年，科恩被指定為東印度公司總督。科恩是一個很有遠見的人，他看到了帶領公司進軍亞洲的可能性。於是，他

---

26. 伽士特拉 Femme S. Gaastra：《荷蘭東印度公司》，倪文君譯，東方出版中心，2011 年。

到巴達維亞（即雅加達）建立了公司新的總部，其後，為了建立對丁香貿易的壟斷權，他甚至將班達群島上的原住居民殺死或趕走。

科恩第二次成功的冒險，是成功的建立起了亞洲國家貿易體系，將其貿易足跡延展到日本、朝鮮、中國等地。1640年公司佔領了斯里蘭卡的加勒，趕走了葡萄牙人，從而打破了葡萄牙人對肉桂貿易的壟斷。1658年，公司又圍攻斯里蘭卡首都可倫坡。到了1659年，葡萄牙人在印度沿岸的據點幾乎都被他們奪去。1652年，公司在好望角建立據點，好為公司來往東亞的船員進行補給，這塊據點後來變成荷蘭的開普殖民地。

鄭成功收復臺灣，便是與荷蘭東印度公司之間的對決。荷蘭東印度公司原先在澎湖附近活動，但明朝政府將澎湖視作領土的一部分，不允許荷蘭人私下踏足。不得已之下，荷蘭人轉向當時未被明朝有效統治的地區。1624年，荷蘭佔領大員（今台南市），從此開始在臺灣殖民，直到1661年被鄭成功逐出。

可以說，荷蘭出現這樣一家超級公司，是平等平權、結果制勝的新型社會分配體系的勝利。荷蘭東印度公司在洶湧的歷史浪潮中被推上潮頭、又黯然退去，而歷史卻依然不斷前行，鑄就更多新的里程碑。

第六章・清教徒的勝利：
美利堅是如何成為超級強國的

在人類的航海技能取得突飛猛進的進步之後，人類歷史上的很多事件就與船有了關聯。

這些船以不同的方式影響了歷史。比如，11世紀「征服者威廉」率領諾曼人艦隊抵達英格蘭，成為英國新的國王、諾曼第王朝的開創者；13世紀忽必烈先後兩次征日，艦隊毀於颱風，東亞史由此改寫；15世紀，哥倫布為歐洲人發現了新大陸，開啟了一輪又一輪的航海冒險和血腥的掠奪征服之旅；19世紀，羅伯特・福鈞的船用「沃德箱」將中國茶籽和茶苗帶到了印度，改變了全球茶葉貿易的格局……

船的到來，在那個交通不夠發達的年代，往往意味著某種新的東西抵達——比如新的勢力，或是新的發現，或是新的商品，進而改變歷史的走向。而有這麼一艘船，它上面既沒有強大的軍隊，也沒有航海經驗豐富的探險家，更沒有什麼值得一提的新商品，卻實實在在地改變了新大陸數百年。

這艘船，就是著名的「五月花」號。

1. 五月花號——自由之地與自由之民

1620 年 11 月 11 日，一艘來自英國的 3 桅蓋倫帆船，向北美大陸科德角外的普羅溫斯頓港靠近。

這艘船的乘客由牧師布萊斯特率領，一共有102人。其中，分離派教徒35名，其他的是工匠 、漁民、貧苦農民及14名契約奴。

原本他們打算搭乘一大一小兩艘船出發。但 1620 年 8 月 5 日第一次從英國南安普頓啟航時，他們發現乘坐的小船漏水，不得不返回達特茅斯修理。修理完畢後，小船再次漏水，不得不又一次返回普利茅斯。

經過整頓後，他們決定全體成員都坐上大船出發。9 月 16 日，這艘名為「五月花號」的帆船終於從普利茅斯出發，駛往北美新大陸。少了小船，船上空間變得有些擁擠，每人只有很小的地方放置隨身行李 [27]。

五月花號在加拿大紐芬蘭省亞法隆半島南部靠岸，由當地漁民提供日用品及食水補給，然後向鱈魚角進發。在航行中，船的主船杆曾出現裂縫，不得不用一口大的鐵螺絲釘去修補。

他們原本的目的地，是北維吉尼亞哈德遜河一帶的陸地，但因惡劣的天氣沒有成功到達。在新英格蘭的寒冬中，航道發生了偏移，最終只能在科德角（今麻塞諸塞州普羅文斯敦）附近的普羅溫斯頓港拋錨。

---

27. 克里斯多夫·希爾頓：《五月花號》，王聰譯，華夏出版社，2006 年。

長達兩個多月的海上漂泊旅途，經歷了缺水、斷糧、風浪等種種嚴峻考驗，所有人都饑寒難耐，疲憊不堪。

然而奇怪的是，歷盡千辛萬苦到了期盼已久的新大陸，他們卻似乎並不急於下船上岸。

到底是什麼原因呢？

他們必須要做一個重大的決定。

這艘船上的102名乘客，大多都是在航行中相遇互不相識的陌生人。雖然這些人都是基督徒，但他們並不隸屬於任何宗教團體和組織。同時，他們即將登陸的這片土地也是無主的，既沒有政權，也沒有法律。這也就意味著，沒有其他任何人可以約束他們的自由。按照現在的觀點，這應該很爽，但是沒有人約束他們的自由，意味著同樣也沒人能約束他們犯罪。換句話說，他們抵達的是一片暫時無人管束的自由之地，他們也都是完全平等、已經不受任何王權或神權束縛的自由之民。

另外，每個人也都明白，如果登陸後不能成為一個緊密的共同體，他們在寒冷而荒蕪的新大陸上生存下來的機率可以說微乎其微。這使得他們不得不團結起來共渡難關。

因此，為了建立一個能約束大家的自治團體，一份契約顯然是必需的。

當時，女人並不享有政治權利，只有成年男子才有投票權、選舉權和被選舉權。經過一番激烈的討論，船上的41位男子決定共同簽署一份公約，並以他們的船為這份公約命名，即——《五月花號公約》。

在這份文件裡，簽署人宣誓創立一個自治團體，這個團體是基於被管理者的同意而成立的，並且將依法治理這塊土地上的一切事務。

《五月花號公約》奠定了新英格蘭諸州自治政府的基礎，主要內容為：組織公民團體；擬定公正的法律、法令、規章和條例，全文如下：

「以上帝的名起誓，阿門。大不列顛、法蘭西、愛爾蘭國王、信仰的捍衛者——詹姆士國王陛下的忠實臣民，暨在本公約上署名的眾人，蒙上帝的恩典，為了上帝的榮耀並促進基督信仰及國王與國家的榮譽，遠航至維吉尼亞北部地方開闢首個殖民地。根據本公約一同在上帝面前莊嚴盟誓，彼此聯合，共同組成公民政治體，為了保持良好秩序及推動實現前述的目標，需不定時制定、頒佈法案或擬定公正、公平的法律、法規、法令、憲法框架及設立管理機構，並對殖民地普遍適用，我們承諾將完全服從並遵守。11 月 11 日，鱈魚角，簽名為證，時英格蘭、法蘭西及愛爾蘭 18 世國王、蘇格蘭 54 世國王詹姆士陛下在位。

主後 1620 年。」[28]

41 人全部簽完名之後，所有的新移民按照歐洲的航海傳統，涉過冰冷刺骨的淺灘，登上了一塊大礁石，為開始的新生活而歡呼。據說普利茅斯鎮海邊上現存的普利茅斯岩（Plymouth Rock）就是他們踏上美洲大陸的第一塊「石

---

28. 威廉·布拉福德：《普利茅斯開拓史》，吳丹青譯，江西人民出版社，2010 年。

頭」，直到今天，我們還可以看到銘刻在石頭上的數字「1620」——他們初次踏上美洲大陸的年份。

當五月花號的清教徒們登陸後，在公約上簽字的 41 名清教徒理所當然地成為普利茅斯殖民地第一批有選舉權的自由人。這批人中有一半未能活過 6 個月，剩下的一半成為殖民地政治集團的核心成員。他們每年舉行一次大會，通過法律選舉總督和總督助理，並在 1636 年通過了「統一基本法」，對殖民地的政治結構和居民權利作了法條上的規定。1639 年後，殖民地代表大會變成了殖民地議會，非教會成員的自由人也可以被選為議會議員，美利堅合眾國的歷史由此發端。

五月花號上的 41 個人只不過是北美早期拓荒者中的滄海一粟。但這份由 41 人簽訂的、一頁紙就能寫下的《五月花號公約》，影響力卻幾乎遍及整個北美新殖民地。可以說，這是北美新移民們依據理性設計的第一份全新政治制度。它能產生如此之大的影響，因為它並不是憑空設計出來的空中樓閣，而是有著堅實社會心理基礎的新型制度。這種新移民的普遍社會心理，正是我們理解美國崛起的關鍵所在。

「彼此聯合，共同組成公民政治體，為了保持良好秩序及推動實現前述的目標，需不定時制定、頒佈法案或擬定公正、公平的法律、法規、法令、憲法框架及設立管理機構，並對殖民地普遍適用，我們承諾將完全服從並遵守。」這句話是《五月花號公約》中最重要的一句話。它說明了兩個事實：其一是願意遵從「公正與平等」的法制，其二是法律需得到全體國民

的認可。

這個說法確實很有意思。一般來說，法律是自上而下的，是由國家專門的立法機關制定、國民遵照執行的約定。但《五月花號公約》卻是一種自發性的公約，天然帶有對上層統治階級的約束和不信任，是一種小政府、弱政府的思路。從追求個人自由的角度出發這很正常，政府的強力管束屬於老歐洲，不屬於這片自由地的自由民。這體現了一個全新的社會共約形態──「一個平權平等的精神上的美國」，已經有了雛形。

《五月花號公約》是新大陸移民中最重要的政治性契約，被認為是「自動同意管理自己的一個協議，是美國的第一套成文法」，這份著名的文件甚至被人們稱作「美國的出生證明」。

2. 獨立號角：新殖民地上的帝國反擊戰

美國電影裡從來不缺乏反抗強權的英雄，著名科幻電影《星球大戰》裡一代又一代反抗銀河帝國的絕地武士就是明證。正如《星球大戰》是美國人的「國民電影」一樣，這種反抗強權與暴政的思想也是美國的一種「國民思維」。在美國人的心裡，強勢政權並不對他們胃口。這一點在當代美國也有很多的表現。比如，各種關於政府的陰謀論很是流行；又比如，即使槍擊案層出不窮，支持持槍、反對禁槍的呼聲還是具有廣泛的民意基礎，因為很多國民對於政府有種天然的不信任感，

只有持槍才能讓他們覺得自己依然保有「對抗」政府的權力。

如果我們回到美國建國之前的十七世紀再來理解這個問題，一切就會顯得順理成章了。北美是自由之地，清教徒是自由之民，民眾需要的是對所有人都公平的法治共約，而不是一個強有力的、凌駕於所有人之上的政府。《五月花號公約》之所以能產生廣泛的影響，和民眾的這種心理是密不可分的。

但在當時的北美，自由民們依然像《星球大戰》電影裡的絕地武士一樣，面臨著一個銀河帝國般的強權——號稱「日不落」的大英帝國。

北美殖民地與大英帝國的關係，大致經歷了四個階段[29]。

一開始，北美人將英國看作自己的宗主國，一個值得效忠的對象。每個新開闢的殖民地，都能找到幾條英國的法律；其組織架構，也與英國政府有許多相似的地方。然而，正所謂「差之毫釐，謬以千里」。北美人對自由和自治的嚮往，讓殖民地與英國有些微妙的不同。比如說，每個北美殖民地都設立了地方議會，形式上效仿威斯敏斯特的下議院，強調人人可以參與，而沒有像英國那樣另外成立一個由貴族代表組成的上議院；在此基礎上，殖民地的管理者（總督和市政委員會）都由居民選舉產生，而不是等待國王任命，這不僅有別於英國的慣例，而且強化了北美人對命運自決的嚮往。

隨著殖民地欣欣向榮，越來越有利可圖，英國的統治者終於忍不住出手了。1621年，英王詹姆斯一世簽署法令，要求

---

29. 斯蒂芬・康威：《美國獨立戰爭簡史》，鄧海平譯，悅讀名品 | 化學工業出版社，2018 年。

維吉尼亞的煙草先運輸到英國，隨後再出口到其他地方。對於英國，尤其是王室而言，這無疑可以提高稅收，對於殖民地的民眾來說，卻極大地增加了貿易的成本。三年之後，詹姆斯一世乾脆將維吉尼亞變成皇家殖民地。皇家殖民地意味著，國王可以無視民意、直接任命總督；反過來，總督只需要對國王和其大臣們負責，不必在意當地民眾的想法。其後繼位的查理一世，繼承並發揚了父親的思想。為了限制殖民地的自治權，他在麻薩諸州邊上建立了一個新的皇家殖民地，又無視當地清教徒居多的事實，任命一位主教派信徒為總督。這讓殖民地的人越發不滿。

　　英格蘭內戰時期，英國與殖民地的關係一度緩和。不過，這不是因為英國調整了策略，只是大戰在前，無暇旁顧。隨著英格蘭內戰的結束，新的統治者們愕然發現，看似龐大的帝國，不僅外面有強敵，而且內部有不服管的。於是，他們變本加厲，頒佈了各種限制殖民地權力的法律，或者乾脆將某些殖民地變更為皇室領土。

　　最關鍵的轉變出現於七年戰爭時期。從1756年到1763年，英國和法國為了搶奪北美殖民地，打了整整七年仗。英國人最終獲勝，搶佔了北美的大部分地區，問題也隨之而來：打仗是要花錢的。戰爭期間，英國一方面派遣大量軍隊進入北美，另一方面，希望殖民地貢獻足夠的人力、物力；殖民地人則既不覺得自己有為英王賣命的義務，又因此越來越反感英國本土的統治者。

雖然名義上都是英王的臣民，但殖民地居民中不少人認為，由於北美人民在「天高皇帝遠」的英國議會中，沒有自己的直接代表，這等於剝奪了他們作為英國公民的權利，這是不合法的。因此，那些對殖民地人民要求徵稅的法律，以及針對殖民地的其他法律，全都是違背憲法的。這就意味著，殖民地居民已經不相信「王法」了。在他們眼裡，大英帝國的法律根本就不應該約束他們。

　　從 1763 年左右開始，北美十三個英屬殖民地居民喊出了那句著名的口號——「無代表不納稅」。什麼意思呢？就是不給代表權，就不納稅了！這可真是觸了英國權貴們的逆鱗，小打小鬧也就算了，不給錢那哪行！辛辛苦苦打下來的殖民地收不上來錢，那之前不是全白幹了？

　　對此，英國統治者的反應很簡單：隨便你們怎麼說，該交的錢一分也不能少。

　　一邊要收，另一邊不肯交。矛盾就此不可緩解。

　　1773 年 11 月 28 日，東印度公司的第一艘茶葉商船「達特茅斯號」停靠在波士頓附近由英軍駐守的威廉要塞，後來駛到格里芬碼頭，卸下除茶葉以外的其他貨物。

　　為什麼偏偏留著茶葉呢？很簡單，當地人民不同意，沒法卸貨。

　　在整個 11 月裡，一共有七艘大型商船前往殖民地，四艘開往波士頓，其他三艘分別前往紐約、查理斯頓和費城，然而紐約和費城兩地的茶商全都拒絕接貨，這兩艘商船不得不開回

英國。

為什麼殖民地居民如此抗拒茶葉呢？

這是英國國會通過的幾項徵稅法案惹的禍。首先是 1765 年頒佈的《印花稅條例》，規定凡北美殖民地的一切商業文件和合法證書、執照、報紙雜誌、廣告，均須貼上印花。違者受罰，偽造印花者處死。印花稅稅額很重，引發了廣泛的不滿和抗議，後來不得不取消。兩年之後，財政大臣唐森德提議英國國會通過了《唐森德稅法》。稅法規定自英國輸往殖民地的紙張、玻璃、鉛、顏料、茶葉等一律徵收進口稅，甚至還規定英國關稅稅吏有權闖入殖民地民宅、貨棧、店鋪，搜查違禁物品和走私貨物。這個法案遭到更大的反抗，1770 年 3 月發生了英國殖民當局槍殺波士頓民眾的流血事件——波士頓慘案。迫於形勢，英國國會廢除了《唐森德稅法》的大部分稅種，但依然保留了茶葉稅。這讓殖民地居民把怒火都傾瀉到了運茶船上。

1773 年 12 月 16 日，數千人在波士頓集會抗議。當天晚上，幾十位當地居民登上茶船，將三條船上的 342 箱茶葉全部倒進了海裡。根據當時的《麻塞諸塞時報》報導，「水面上漂滿了破碎的箱子和茶葉，從城市的南部一直延綿到多徹斯特灣」。這就是著名的「波士頓傾茶事件」[30]。

英國政府認為這是惡意的挑釁。於是從 1774 年起英國政府陸續頒佈了五條《強制法令》，又稱《不可容忍法令》，對此

30.Benjamin Woods Labaree, The Boston Tea PartyBoston : Northeastern University Press, 1979.

進行嚴厲鎮壓。

到了這個時候，北美就像是一個大的火藥桶，只要有一點火星，就會馬上燃爆。

1775 年 4 月 19 日，北美獨立戰爭在來克星頓打響了第一槍。就像是《星球大戰》裡表演的那樣，針對「日不落帝國」的反擊戰正式開始了。1776 年 7 月 4 日，大陸會議通過了由湯瑪斯 · 傑佛遜執筆起草的《獨立宣言》，並宣告美利堅合眾國成立。

經過將近十年的艱苦戰爭，美國人在法國的幫助下終於迫使英國人撤出北美大陸。1783 年 9 月 3 日，英王代表與殖民地代表於凡爾賽宮簽訂 1783 年巴黎條約，英國正式承認美利堅合眾國成立。自此，美國已完全獨立，就像和約第一條中所說：「英王陛下承認合眾國為自由、自主和獨立的國家。」

3. 天時地利人和：最新的為什麼會是最好的

自 1776 年美利堅合眾國成立以來，一代又一代的美國人都深信，只要通過自己的勤奮、勇氣、創意和決心，就能獲得所嚮往的美好生活。

這就是我們所耳熟能詳的「美國夢」的由來。

兩百多年來，「美國夢」不止激勵了本土的民眾，也激勵著世界各地無數懷揣夢想的年輕人。這些年輕人離別故土，歷經千辛萬苦，來到這片土地，創造自己的價值。

「美國夢」可以說集中體現了美國人的價值取向。美國夢的生長土壤可以說是全世界獨一無二的，這是因為美國出現了一個當時全世界最先進的新型社會形態——多買家社會。

　　多買家社會是什麼樣的？簡而言之，多買家社會是一種以資本獲取作為統一量度的社會體系。多買家社會體系下的人，不再像一買家社會那樣對社會上的唯一買家負責，而是只對資本負責。這樣的好處是顯而易見的，所有人都有機會成為賣家，在獲取足夠資本之後，甚至還可以完成從賣家到買家的身份轉變。理論上，在這樣的社會體系下，人靠努力所能贏得的資本是沒有上限的。比起一買家系統，這無疑會大大激勵人的能力發揮。

　　但這種全新的社會形態比起以往的社會而言，可以說是翻天覆地的變化，想要真正實現，不是件容易事。這裡不得不提一下美國國父華盛頓。華盛頓是三位偉大的社會制度革新者之一，他參與設計及推行的社會機制，讓美國成為以多買家思想立國的第一個國家，並最終憑藉這種社會機制成為全球第一強國。

　　1776 年美國《獨立宣言》中提出了一條「不言自明的真理」：人人生而平等，並由造物主賦有某些不可轉讓的權利，其中包括生命、自由和追求幸福的權利；為了保障這些權利，才在人們當中設立政府，而政府的合法權利必來自被統治者的同意。這集中體現了美國制度設計的精髓和出發點——人生而平等，政府必須受到一定的約束。這些現代人習以為常的事

情，在當時都是開創性的。

以華盛頓為首的大陸議會為美國設立三權分立的原則，立法、行政和司法三種國家權力分別由三個不同機關掌握，各自獨立行使、相互制約制衡。充分尊重民眾自由，以法治為社會的基礎，並由三權分立和民主監督保證了法制獨立，最大限度保證了法律不受人為因素左右。這才是「美國夢」得以實現的真正根基。

這一套制度之所以能夠在美國得以全面施行，離不開天時、地利與人和。當時的世界，已經到了變革的視窗期，一買家社會已經面臨嚴重的發展危機，唯有求新求變才能重塑新的社會體系，這是天時。北美孤懸海外，在當時的技術條件和經濟水準下，基本上可以不受歐洲大陸其他勢力的影響，全面開展新社會制度的實踐，這是地利。以清教徒為主體的美國民眾，大都奉行自由與法治精神，是這套制度完美落地的保障，這就是人和。三才具備，才能誕生出一套當時最先進的社會制度和一個真正完備的「多買家社會」。

這裡面最重要的，當然是人的因素。《五月花公約》、「無代表不納稅」的口號以及《獨立宣言》，很好地體現了這種獨一無二的美國精神。清教徒作為最主要的群體，是促成美國「多買家社會」最核心因素之一。清教徒不僅是一種派別，更是一種態度、一種傾向和一種價值觀[31]。一般而言，清教徒

---

31. 馬克斯・韋伯：《新教倫理與資本主義精神》，于曉、陳維綱等譯，生活・讀書・新知三聯書店，1987年。

是最為虔敬、生活最為聖潔的新教徒，他們完全摒棄了神權統治，認為「人人皆祭司，人人有召喚」。他們認為每個個體可以直接與上帝交流，反對神甫集團的專橫、腐敗和繁文縟節、形式主義。簡單、實在、上帝面前人人平等是他們所追尋的信徒生活。所有的民主原則及法治思想在這一群體當中都可以很好地契合與架構，從而最大限度地發揮人的能動性。

「事關大家的問題，必須得到大家的同意」，這是美國民主憲政的基本原則。民主不僅要服從多數人的意願，也要尊重少數人的意志。每一個個體都是獨立、自由的，所有人需要遵循的是正當的法律規定和自己的良知。而在華盛頓的制度設計裡，設立政府的唯一目的是為了效忠於國民，為國民提供的公共服務產品，保護國民的尊嚴和安全。

多買家因為給社會帶來了更公平的結果而致勝，極大地啟動了社會活力。「萬類霜天競自由」的狀態，很好地體現了美國制度設計帶來的重大改變。美國在這套制度的保障下迅猛發展。從 1894 年開始，僅僅成立一百年的美國就全面超過了傳統的歐陸強國，GDP 躍居世界第一。一直到今天，美國依然佔據著 GDP 第一的寶座，經濟產值領先世界各國一百餘年。

4. 百年美利堅：橫掃世界的新霸權

1941 年 12 月 7 日，日本帝國海軍偷襲美國，轟炸了位於夏威夷珍珠港。350 餘架日本飛機對珍珠港海軍基地實施了兩

波攻擊，投下穿甲炸彈，並向美國的戰列艦和巡洋艦發射魚雷。毫無防備的美軍在爆炸的巨響中醒來，倉促地進行著自衛。這場先發制人的襲擊 90 分鐘內就結束了。據統計，日本炸沉了四艘戰列艦和兩艘驅逐艦，炸毀 188 架飛機，受損的建築、船隻和飛機則更多。攻擊中約有 2400 名美國人喪生；另有 1250 人受傷。攻擊過後，日本正式向美國宣戰，次日，美國總統羅斯福發表了著名的「國恥」演講，並隨後簽署了對日本帝國的宣戰聲明。

珍珠港偷襲成功，讓日本人揚揚自得，他們認為這場偷襲可以極大地打擊美國的海軍實力，讓美國短時間內無暇跨過浩瀚的太平洋威脅到自己。但日本想錯了，珍珠港的損失無損於美國的戰爭實力，而日本的魯莽行動最終加速了自身的滅亡。

由於國家戰爭機器的高速運轉，全國的富餘勞動力都充實到軍隊及相關行業當中，日本國民經濟在太平洋戰爭開始前顯得空前「繁榮」，使得日本人錯誤地認為本國經濟與軍事實力都超過了與他們最大的敵人美國。而此時的美國已經歷了近十年左右的經濟大蕭條。經濟危機的深遠影響使得整個美國經濟依然疲軟。儘管如此，美國的綜合國力仍遠高於日本。日本人遠遠低估了美國：美國的人口高於日本近兩倍，國民收入是日本的 7 倍，鋼鐵產量是日本的 11 倍，銅產量是日本的 13 倍，美國的發電量更是日本的 614 倍！

政治學家蜜雪兒・波特說，五種資源決定著國家的勝負，即物質資源、人力資源、基礎設施、知識資源和資本資源。單

看戰前的資料，太平洋戰爭，幾乎可以說是一個強壯的成年人與一個還沒長大的小男孩之間較量——成年人不僅力量更大，而且有著更強的潛能。美國工廠的現代化和自動化水準要高於歐洲和日本，美國人的生產管理是當時世界上最先進的，美國工人的人均生產力也是當時世界最高的。

一組武器生產資料，可以讓我們更直觀地看到這種差距[32]。

1942 年，也就是太平洋戰爭的第二年，美國總統佛蘭克林‧羅斯福在國會上提出了著名的「勝利計畫」，要求全國民眾動員起來，爭取在當年之內生產6萬架飛機、4.5萬輛坦克、2萬門高射炮和50萬挺機槍。對於當時任何一個國家來說，這種要求都是瘋狂的；然而，美國用自己強大的國力，逐步實現了羅斯福的目標。

日本呢？1942年，日本一共生產了1300輛坦克，1943年，只有800輛，1944年，300輛。要指出的是，「二戰」時期日本的中型坦克無論是火炮威力還是裝甲厚度都只能相當於盟軍的輕型坦克。因為日本將飛機當作最重要的武器，所以其材料稍微好一點。1942年，日本生產了1萬架飛機，相當於美國的20％；1943年，生產了2萬架，相當於美國的23％。

二戰期間，耗資最多、任務最繁重的武器，非航空母艦莫屬。這些龐然大物不僅是戰場對決的關鍵，而且是綜合國力的縮影。1942 — 1945 年，日本一共生產了主力型航母 2 艘、輕型航母 4 艘、輔助型航母 9 艘。而在同一時期美國生產了主力

---

32. 謝耀輝：《日本太平洋戰爭失敗原因研究》，碩士學位論文，上海師範大學，2014 年。

型航母 16 艘、輕型航母 9 艘、護衛型航母 109 艘。平均來說，美國只需要 2 個月就能建造一艘航空母艦，而日本需要 8 個月。正因為如此，日軍海軍在 1942 年的中途島海戰之後，由於航母部隊損失慘重，只能一直採取避而不戰的策略，直到 1944 年才重返戰場。

除了重型裝備，日本其他武器的生產數量也嚴重不足。1941 年年底日本的武器庫足夠裝備 103 個師團，陸軍戰鬥序列有 51 個師團和 59 個旅團。戰爭初期陸軍的武器彈藥的產量和消耗量大體相同，但隨著戰爭規模的不斷擴大，軍隊數量劇增，而日本的武器彈藥保有量卻沒有明顯的增加。1943 年日本陸軍規模從 240 萬人升到 310 萬人，美國則從 415 萬人激增到了 889 萬人。到戰爭結束時日軍的武器彈藥雖然可以裝備 104 個師團，但其戰鬥序列卻達到 171 個師團，這還不包括大量的日本準軍事人員。

1940 年統計，日本本土人口 7314 萬，雖然強徵了大量中國和朝鮮勞工，但並不等於這樣騰出來的本國人力就能形成戰鬥力強的部隊。事實上，太平洋戰爭前 6 個月日軍在東南亞和南太平洋的勝利正是依靠多年累積的精銳部隊。1944 年日本有 1335 萬名女性勞動力，但其中的 780 萬人從事的是農業和林業工作，只有 225 萬人參加工業及軍工生產。而美國 1941 年就有 1460 萬名婦女參加工業生產。

這只是戰鬥武器，如果算上軍需的話，日本基本上連一絲勝利的希望都不會有，以硫黃島為例，當時日軍駐紮了 2.3 萬

人，美國投入 70000 人左右，美國為整個戰役準備的各型槍彈平均到每個日本人頭上是 10000 發以上，而相比之下，日本平均到美國人頭上不過是個位數，更不用提美國人吃肉罐頭吃到吐，而日本人吃個飯團都要省下來。除了武器生產之外，萬噸級的商船兩個海岸線平均一周左右就能產出一艘，最短的只需要 4 天，全國數十個大小船廠可同時開建。這種級別的後勤能力，讓日本望塵莫及。

所以，從一開始這場戰爭的結局就已經註定了——美國擁有的是碾壓級別的優勢，日本沒有一絲一毫獲勝的可能。現在再回過頭看珍珠港事件，美軍的損失只能給日本人心理上的安慰，對戰爭的走向幾乎沒有影響。

事實上，在當時，即使是德意日三個軸心國加起來，也不足以與美國相抗衡，更不用說美國還有歐亞大陸的其他協約國的助力。無論有沒有「二戰」，美國都是當之無愧的頭號強國。毋庸置疑，新的多買家社會早已賦予了它強勁持久的發展動能。

第七章・進步的密碼：
從無買家到多買家的變遷

　　我們所在的世界是一個萬花筒。膚色各異的人種，千奇百怪的風俗，多姿多彩的城市，面貌迥異的鄉野……這就是所謂的「大千世界，無奇不有」。從整個歷史的全景視角來看，差別就更大了——一個古埃及人到了現代美國社會，可能和一個地球人來到了外星球沒兩樣。生活習慣、文化習慣和社會發展帶來的差異，使得我們要從複雜的世界、縱向的歷史中去尋找一些世界發展運行的規律，變成了一個極其困難的艱巨任務。

　　很多傑出的歷史學家已經做了很多這方面的工作。但和他們不同，我們這本書並不是去找歷史規律，而是尋找發展動因。正如前面所說的，按照社會發展內因的不同，可以分為無買家社會、一買家社會和多買家社會——不管各個國家的時空相距多麼巨大、社會形態多麼不同，都可以從這三種形態去梳理它的發展脈絡和內在動能。不同的社會形態、能力購買機制和核心價值體系，讓社會發展有了不同的發展動能。

1. 無買家社會：血統承緒，無法突破的階層天花板

無買家社會的核心判斷標準就是血統，一個人生下來就被確認了身份，階層完全固化。對絕大部分老百姓來說，依血統而定的貴族階層是投胎技術，無血統加持的人無論如何努力也無法突破的天花板。

在無買家社會中，大部分人無法改變自己的命運，權力只存在於極小的一部分人手中，整個社會因此而缺乏改變的動力。這正是無買家社會發展緩慢的真因。

中國號稱兩千年大一統王朝，但實際上在這期間是有「血統論」回潮的，這個時期也正是中華帝國的衰落期——魏晉南北朝。前有強漢，後有盛唐，都是典型一買家社會治理形態，也是中華文明的巔峰期。而夾在中間的魏晉南北朝，卻恰恰因為向「無買家」形態倒退，造成了中華文明的階段性低谷。

比如東晉的陶侃，也就是著名詩人陶淵明的曾祖父，就是個被血統耽誤的名將。陶侃是個不太走運的人，前生三百年或者後生三百年，他應該都會有名得多。

陶侃是鄱陽郡人，生於魏高貴鄉公甘露四年（西元 259年）卒於晉成帝咸和九年（334 年）。史書上說，他「望非世族，俗異諸華」。「望非世族」就是出身寒微，而「俗異諸華」指其出生在偏遠之地。換句話說，陶侃不僅是寒門子弟，而且出生於中原之外，比一般意義上的寒門還要差一些，只能在縣

裡做小吏謀生[33]。

在講究門第出身的魏晉時代，他原本沒有什麼機會出頭。一次偶然的機會，鄱陽郡的孝廉范逵途經陶侃家。陶侃媽媽絞了頭髮賣錢，為這位尊貴的稀客置宴。離開的時候，陶侃又相送百餘里。臨別之際，范逵問了句陶侃是否想到郡裡任職。就是這句話，徹底改變了陶侃的命運。

不久，尋陽縣魚梁吏陶侃升任廬江郡督郵，領樅陽縣令。這其中就少不了范逵在廬江太守張夔的舉薦。走出了第一步，陶侃的仕途通暢了許多。後來他一路升官到洛陽，成為劉弘的幕僚。

八王之亂後期，鎮守荊州的新野王司馬歆遭亂軍所殺，朝廷任命劉弘都督荊州軍事，劉弘臨行前，征辟陶侃為南蠻長史。在劉弘去世以後，荊州先後換了幾任主官，局勢越來越亂。後來周顗任荊州刺史時，已經被群盜逼迫得無處容身。關鍵時刻，時任武昌太守的陶侃解了周顗的圍。後來王敦接納了前來投奔的周顗。王敦是當時一等一的大族——琅琊王氏，他見陶侃將才出眾，於是推薦陶侃任荊州刺史。

儘管在地方上功績卓著，朝野上下也都認為陶侃是經世大才，但陶侃兜兜轉轉，卻始終只在地方上打轉：荊州、廣州、交州、江州……就是進不了中心城市建康。陶侃晚年幾乎已經都督過天下諸州軍事，也依然只是個外圍人物。建康的核心圈子對他而言，一直可望而不可即。

---

33. 楊合林：《陶侃及陶氏家族興衰與門閥政治之關係》，《史學月刊》2004 年第 07 期。

晉明帝在設置輔政大臣的時候，不管是他自己還是他身邊的重臣，都不會想到推舉陶侃。陶侃想進入輔政名單只是一廂情願。輔佐晉成帝七個輔政大臣的資歷才華遠遠不如陶侃，但這幾個人，卻無一不出自名門大族。

歸根結底，一切都是因為陶侃的出身。最終，陶侃在荊州刺史的任上病逝。臨終時，陶侃的頭銜已經有：持節，侍中，太尉，都督荊江雍梁交廣益寧八州諸軍事，荊江二州刺史，長沙郡公。他官爵雖隆，但大家都知道，這還是那個永遠都入不了朝，融不進建康核心官僚圈的陶侃。在以門第血統論英雄的魏晉南北朝，不斷挽狂瀾於既倒的救火隊員陶侃最終能得到的，也就是一聲歎息吧！

三國魏晉南北朝的三百多年，中國大地的主基調是分裂和戰爭，所以政治晉升上注重血統。魏晉時期的選官制度——九品中正制雖然也認能力，但血統也是遴選人才的重要一部分。這個時候，上層統治者更多地提「孝」而不提「忠」，這個顯然是向認血統的無買家社會的某種倒退。像陶侃這樣的能人無法得到重用，也就怪不得魏晉時代社會發展緩慢、中華文明陷入低潮了。

無論是東方還是西方，都曾經經歷過無買家社會時期。這個時期的典型特徵是封建分封，等級森嚴，少部分貴族掌握權力，共治國家。這樣的治理結構穩定卻缺乏活力，國家上下的價值認知也趨於不改變現狀、安天由命。

現在很多人推崇所謂的貴族精神，但推崇者大部分都不知

道貴族精神的實質。為什麼貴族總是作為將領身先士卒、衝鋒陷陣，這是因為貴族的身份和地位所致。貴族的血統直接代表了無買家社會中的利益，他必須誓死捍衛。但如今並非處於無買家社會的人去強調所謂的貴族精神，未免就顯得有些不知所謂甚至可笑了。

無買家社會大部分人的階層天花板已經註定了，無法激發人們改變命運的動力了，嚴重阻礙了社會的進步，因而被一買家社會所代替也就不奇怪了。

2. 一買家社會：華山獨道，凌絕頂到底有多難

一買家社會是個認能力的社會，通過唯一的買家來裁決收益，進行能力贖買。《史記》裡有一句中國人再熟悉不過的古話：王侯將相，寧有種乎！這句話充分體現了「王侯將相」的稀缺程度，尤其是排在第一位的「王」。

一買家社會總體上依然缺乏為社會創造增量的動力，分配模式會在社會存量上做文章。存量是有限的，皇權過於強勢，王作為買家主宰著整個利益分配的模式，其位置就顯得極度重要。

正是因為如此，對於唯一買家所引發的爭奪就顯得尤為激烈，這也是陳勝喊出「王侯將相，寧有種乎」的原因。不管是外敵入侵還是底層起義造成的王朝更替，都是「王權」過大惹的禍。

這是典型的「買方市場」，對於貢獻能力的「賣方」其實不是那麼友好。我們從全球範圍內歷史最長、買方市場制度最完備的中國可以看出端倪。

　　一個古代中國平民，要成為吃皇糧的官員，實現階層躍升，雖然已經有了通路，但實際上也是很不容易的。中國的選官制度經歷了千餘年的變遷，先是漢代的察舉制，後來經過魏晉南北朝的九品中正制，由隋唐開始後來延續千年的科舉制度，最終形成了古典社會中最先進的選官制度。

　　身為大買家的皇帝偶爾也會為科舉這種人才遴選制度「做廣告」。宋真宗趙恆曾寫下《勸學詩》，詩句很直白地說出了讀書成才、得到買家（皇帝）賞識的諸多好處：「書中自有千鐘粟」「書中自有黃金屋」「書中車馬多如簇」「書中自有顏如玉」。大致就是說讀書做官後前途一片光明，吃住不愁、出行有車、美人在側⋯⋯種種好處都會接踵而至。

　　科考中考中進士是很不容易的，其難度遠遠超越了現代中國的高考，說是萬中選一也不為過[34]。

　　科舉考試起源於隋唐，成熟於明清。明清兩代的學子，要想成為進士，要過三個關卡：第一關是童試，一般一年一次，與同一個縣、州或者府的人競爭，考中了才有資格說自己是「秀才」；第二關是鄉試，與同一個省份的人競爭，三年考一次，名額多的省份有一百多人，少的只有幾十人。

　　通過鄉試，便成為「舉人」。舉人的厲害之處在於，第

---

34. 黃明光：《明代科舉制度研究》，博士學位論文，浙江大學，2005 年。

一，可以接著往上考，參加三年一次的會試，與全國的人競爭，如果通過了，再參加皇子舉行的面試，即殿試，通過了便是進士；第二，連續三次考不中，可以去吏部報到，運氣好的話，也有可能做官。

進士，一般要考幾次才能中呢？所謂「三十老明經，五十少進士」。很少人能像明朝的丁顯那樣一戰成名，17歲即中狀元。大多數還是經過多年努力，其中不乏為人熟知的文化名家。比如，「唐宋八大家」之首的韓愈三次落榜，32歲終得進士；《聊齋志異》的作者蒲松齡71歲才得貢生。

雖然難考，但大家還是拼了命地考。一方面，考中進士，就可以做官，成為「官勳階級」。以清朝為例，最低一級的官員，九品文官年俸是白銀33兩，除此之外，朝廷還有其他福利，包括大米、絹帛等。一兩白銀，在乾隆時期，相當於267元。而此時江南富庶地區的佃農，一年也才10石糧食，僅僅約15兩白銀。另一方面，進士升官比舉人快得多，只要運氣不是特別壞，幾十年混下來，總有一個四品到手，而舉人，能混個縣令就算燒高香了。

為了打破「上品無寒門，下品無士族」的局面，宋朝在維繫科舉考試公平性方面開創了諸項先河，成為後世的典範。宋朝開始，「取士不問世家」，官宦子弟和平民百姓站在同一起跑線上進行公平對決。它一方面防止選官制度的壟斷之弊，另一方面可以把人才選拔的權力收歸朝廷。

不僅如此，嘉祐五年（1060），宋仁宗廢除了明顯偏廢皇

家子弟的「公薦」制，建立「宗子試」制度，皇室宗親也同樣要參加科考。為了避嫌，主考官的子弟、親戚參加考試還需要另立考場，改換考官，即「別頭試」。

社會風氣也很好地約束了官宦子弟的晉升通道。雖然到了明清，舞弊現象多發，甚至京劇票友都能考中進士，但不可否認的是，科舉制度本身確實為階級流動提供了一個開口，也為社會帶來了風清氣正的結果。

17、18世紀，在西方傳教士的宣傳下，中國的科舉制被當時歐洲各國廣為讚譽。科舉制作為一種社會政治精英的選拔機制對近代西方文官政體的形成與發展具有深刻影響。西方人把中國看成是西方文官制度的故鄉。

漢武帝用「獨尊儒術」賦予了「一買家社會」的意識形態內核，消弭了秦帝國運行維護成本過高的危機，也讓東方文明第一次強勢崛起。隋唐的科舉制度給一買家社會帶來了更科學更合理的上升通道，重啟了文明崛起之路，東方文明因此再度崛起。

3. 多買家社會：萬類霜天，自由競逐推進社會發展

工業革命在技術上開啟了人類的進步之路，其意義不言而喻。

很多人認為工業革命是英國崛起的主因，然而英國的崛起時間卻要比工業革命早一百多年——工業革命之前，英國的

工業產值就已經是世界第一了。那麼，英國崛起背後的奧秘又是什麼呢？其實縱觀英國數百年的崛起歷程，其發展動力的核心在於英國的制度精神，這正是英國不同於他國的特殊優勢所在。

英國的這種制度精神來自著名的《大憲章》。《大憲章》的內容中影響最為深遠的便是「王在法下」原則。英國的國王地位雖然崇高，但也要被法律準則約束。《大憲章》確立起來的這些原則，受到後來英國人的持續推崇和認可，並被他們用來強調制度限制權力的合理性。《大憲章》是貴族們認可國王的先決條件。換而言之，如若英國國王不承認《大憲章》，那麼貴族也就不會認可國王的地位。所以整個中世紀後期，英格蘭國王上臺之後都需要不斷的確認《大憲章》，每一次確認，都會使《大憲章》的地位得到進一步的加強。《大憲章》的制定，標誌著英國由一買家社會向多買家社會的過渡。

多買家社會的特點是：結果導向。賣家競爭、買家競價，從而形成較為公平的購買機制，真正做到「能者上，庸者下」，甚至買家和賣家的位置都可以形成互換，任何有能力的賣家都可以成長為買家。

多買家社會認制度成立的核心在於法制，由公平的機制判定結果，而不再是像一買家社會那樣，只是人為評判。這樣獨立法制系統和對立法的監督也隨之而來，並逐漸發展到需要民主監督的階段。

與一買家社會只是分配存量的方式不同，多買家社會是

在增量上做文章，買家在爭奪資源的同時，創造增量，最終所分配的是整個社會的增量。在這樣的機制之下，人們的動力更強，整個社會的增量也實現了真正的快速增長。

《大憲章》之後，多買家社會漸漸成為世界的主流，西方主要國家都逐步進入多買家社會。多買家社會的激勵體制催生了工業革命，從而使得人類財富的增量實現了指數級的增長。

如果把人類的歷史分為兩段，工業革命是一個合適的分割點。羅伯特 · 盧卡斯說：「一旦人類思考經濟增長問題，就很難再思考其他問題。」恰恰是工業革命後的 250 多年，經濟增長才成為人類社會發展的常態。換句話說，人類的歷史雖然長達250 萬年，經濟持續增長的時間卻只有 250 年而已。但是這 250年生產的財富總量，卻占到了人類生產財富總量的 99.9%[35]。

4. 結語：遊戲規則的變遷史

對於整個社會的進步而言，進步的密碼就存在於多買家社會之中──多買家社會改變了社會財富分配的遊戲規則，從而使人類社會迸發出比之前的一買家社會和無買家社會強大得多的發展動能。

從人類數千年的文明史中，我們可以看到從無買家社會到一買家社會，再到多買家社會的清晰發展脈絡。對於一個穩定成長的社會而言，財富的創造與分配涉及生產能力、階層關係、上層建築和社會共識，這幾大方面全部匹配後，才會形成

---

35. 大衛·杜根、薩利·杜根：《劇變》，孟新譯，中國科學技術出版社，2018 年。

穩定的社會結構。如果出現不匹配的情形，社會分配機制就面臨重置。中國的秦代就是一個典型的例子，雖然建立了一買家的體制，但並未形成社會共識，最終引發了國民的強烈反彈，直到漢武帝確立「獨尊儒術」後，一買家社會才得以完全確立。

無買家社會持續的時間足夠長，但生產力和社會發展動能卻極為低下；一買家社會迅速佔據世界發展主流之後，全面淘汰了低效的無買家社會國家或政權；多買家社會在僅僅經歷了兩三百年的發展，就使得部分國家快速崛起，並推進了整個世界的發展。在整個人類的發展史上，這一套社會分配機制和遊戲規則的逐步遞進，對全球各國經濟、技術和生產的推進起到了極為重要的作用。

【第三部分】

由「無買家社會」到「一買家社會」，再到「多買家社會」的變革成果

內容摘要：歐洲的英國、法國、德國及美洲大陸上的美國率先進入「多買家社會」，並在工業革命之後逐漸成為世界霸主。亞洲國家經過戰爭洗禮後，在獨立發展之中紛紛吸取了「多買家社會」的管理經驗，重新啟動了生產發展的原動力，邁入了社會發展的新紀元。

第八章・改革開放：再次騰飛的中國龍

從大歷史的視角來看，古代中國的王朝更替似乎總在經歷一種周而復始的治亂循環：一個王朝從興起到繁榮，再從繁榮到衰落，乃至最終沉寂，其循環歷程與一年四季中的春夏秋冬的變化十分相似。所謂「君子之澤，五世而斬」，意思就是，無論一個王朝如何強大，都逃不過這個歷史週期律的運轉規則。

工業革命之後，曾經長期居於世界前列的中華文明開始逐漸落後於西方，十九世紀到二十世紀的百年間，落後的中國在列強的堅船利炮下蒙受屈辱。從清末以來，追尋自我變革，是這個古老文明重新崛起的重中之重。

但對於沉痾已久的中國來說，想要通過變革再一次崛起是極其艱難的。新中國成立前，無數仁人志士求索不止，但都沒有成功。

英國詩人雪萊有一句著名的詩：「冬天已經來了，春天還會遠嗎？」今天我們要說的，就是一個關於春天的故事。

1. 十八好漢的生死狀

幾乎每個中國人都或多或少聽過《水滸傳》一百零八條好

漢的故事。這裡面我們耳熟能詳的好漢，很多都是被逼上梁山的，被迫的性質大於自願。而在現代中國歷史上，也有這樣一群「好漢」，他們用一張印滿手印的生死狀，開啟了波瀾壯闊的大歷史。

這十八位「好漢」來自安徽鳳陽小崗村。鳳陽是明朝開國皇帝朱元璋的故鄉，他勢力壯大後在鳳陽營造了中都城和皇陵，小崗村離至今仍巍然矗立的中都城牆只有數公里的距離。

對於淮河岸邊的小崗村村民來說，西元 1978 年的冬天格外寒冷。小崗村是以嚴氏家族為主的一個小村子。在那個年代，小崗村是當地著名的貧困村，「吃糧靠返銷，用錢靠救濟，生產靠貸款」。即便如此，每人每年的口糧也只有一兩百斤，根本不夠維持生活。全隊 20 戶，不管大戶小戶、男女老幼，凡是能跑能蹦的人，都有過外出討飯的經歷 [36]。

村民關友江說，當時的小崗村「春緊夏鬆秋不幹，碾子一停就要飯」。即是說，每年秋收一過，就要和村裡其他人家一樣，扶老攜幼出去要飯。

小崗村討飯大多是女人去，也有男人去的。村民嚴金昌的愛人韓秀英不願意去討飯，他就只好自己去。出發之前，他盡力將自己的衣服補得整整齊齊、洗得乾乾淨淨，連腳上的布鞋也穿得周周正正。以至於村裡的人有時和他調侃，你這是去走親戚呢，還是去要飯？

中國人歷來重視尊嚴，有手有腳的人討飯，傳出去是一件

---

36. 賈鴻彬：《小崗村 40 年》江蘇鳳凰文藝出版社，2018 年。

非常不好聽的事。然而，不討飯就沒有飯吃，失去尊嚴總好過餓死。

其實小崗村有人有地，按理來說，即使有旱災，也不應該出現餓死人的悲劇。在那個年代，小崗村還是實行平均主義的供給制和工資制，幹活上是「大呼隆」、分配上是「吃大鍋飯」。大家做多做少一個樣，這在很大程度上束縛了人們的生產積極性，導致了生產產出的嚴重不足。

到了這個時候，小崗村的村民們已經意識到，不改變是不行的了。這樣下去，他們別說吃飯，可能連野菜都吃不上了。

作為村民眼裡的「能人」，嚴宏昌在這一年當上了小崗生產隊幹部。嚴宏昌是個頗有想法的人，找到村裡的老人關庭珠進行請教。關庭珠說，1961年，村裡搞過救命田，大家努力一幹，產量立刻就升上去了。嚴宏昌聞言眼前一亮，所謂的救命田，其實就是一種責任田，自己的田自己種，盈餘和虧損都自負，那麼，能不能乾脆每戶都分田單幹呢？

1978年11月24日，20戶人家派出的代表齊聚在村民嚴立華的破草房裡。嚴宏昌給大家念了一張協議。協議是這麼寫的：「我們分田到戶，每戶戶主簽字蓋章，如以後能幹，每戶保證完成每戶的全年上交和公糧。不在（再）向國家伸手要錢要糧。如不成，我們幹部作（坐）牢剎（殺）頭也幹（甘）心，大家社員也保證把我們的小孩養活到十八歲。」

這張「大包幹」（意即分田單幹）的協議在當時的中國算得上是冒天下之大不韙了。地是集體的，分產到戶是從來沒有

過的事情。在當時的歷史風向中，人民公社制度是廣大農村施行已久的制度，簽了這份協議，「殺頭」罪可能嚴重了點，但「坐牢」的風險是很有可能的。

「大包幹」需要很大的勇氣。小崗村的村民們連「托孤」的退路都想好了，即使丟掉性命也要搏上一把。十八個人面色凝重，在協議上寫下名字並按了手印。作為牽頭人，嚴宏昌按了兩次，20個手印的上端，都他單獨按下的一個手印。隊裡一共20戶人家，因為兩戶是家屬代按，不算數，所以最後一共是18戶簽下了這份生死狀。

世上沒有不透風的牆，分田單幹的消息很快傳了出去。

「我被帶走了，地委就保我，我又回家了，白天，天天有人找我談話。那一年心理負擔挺重的，不停地抽煙葉子。」嚴宏昌說，1979年幾乎一整年，他白天都幹不成活，全是妻子下地。可妻子一個人根本忙不過來60畝土地，他就趁著晚上去幫忙，經常一天只睡兩小時。

但他們所有的付出都是值得的。1979年10月，嚴宏昌收了兩萬多斤麥子。他自己留下3000斤當口糧，剩下的全賣掉了。那年他賺了200多元錢──要不是還隊裡的外債，他餘下的錢還能多得多。

200元在當年可以算得上是一個「天文數字」。200元錢是工作年限20年以上的人3~4個月的工資，可以買200多斤豬肉，1000多斤的大米或白麵，2噸多大白菜……在那個食品還很匱乏的年代，這簡直就是個奇蹟！

到了 1980 年，再也沒有人找嚴宏昌談話了。可他家依舊門庭若市，來自全國各地的人來他家學小崗精神，他白天要接待這些人，又只能趁著晚上去地裡幹活了。

簽生死狀的時候，嚴宏昌有 140 多斤，一年下來，他瘦到了 110 多斤。但是他卻一點也不覺得累，總覺得渾身有使不完的勁，他要與時間賽跑，他要把之前耽誤的時間趕回來。1980 年，60 畝地，一季麥子收了兩萬多斤，一季稻穀也收了兩萬多斤。

整個小崗村也發生了翻天覆地的變化。1979 年秋，實行「大包幹」的第一年，小崗村取得超級豐收：糧食總產 13.3 萬斤，相當於之前 4 年產量的總和；油料總產 3.5 萬斤，相當於之前 20 年產量的總和；交售糧食 6.5 萬斤，是多年以來第一次向國家交售餘糧；交售油料 2 萬斤，超過任務 80 倍；小崗歷史上第一次歸還國家貸款 800 元，人均收入達 400 元，是 1978 年的整整 18 倍。也就是說，小崗村的生產能力有了數倍甚至數十倍的提升，而人們的生活與收入水準也有了至少十餘倍的巨幅提升！

小崗村的村民們並沒有想到，他們簽署的這一紙協議，會對整個國家的歷史進程產生如此深遠的影響。

2. 白貓黑貓，什麼樣的才是好貓

在小崗村的村民們簽下協議的前一年（1977 年），南京也

發生了一件看似不起眼的小事。

夏天的夜晚，在江蘇省人民醫院裡一位中年男人在房外陪守病房內的妻子。在醫院裡沒有地方睡覺，酷暑高溫也難以入眠，他乾脆就把《馬克思恩格斯選集》《列寧選集》和《毛澤東選集》帶到醫院，就著病區走廊上的燈光查閱資料，蹲著身子在椅子上草擬前兩個月想好的文章提綱。實在瞌睡了，就把三張椅子拼起來躺一會，睡醒了再看、再寫、再改。五天後，妻子出院了，他這篇文章的提綱也大致寫成了；又過了大約一周，他寫完了初稿。

這個人的名字叫胡福明，是南京大學哲學系的系黨總支副書記和系副主任。在大半年前、1976 年的金秋十月，胡福明用喝酒、吃螃蟹來慶賀中國的歷史性轉折──「四人幫」的倒臺。而在當時，他就已經敏感地意識到，另一個巨大的轉折也將隨之而來[37]。

當時，「兩個凡是」的口號提出以後，撥亂反正似乎寸步難行，揭批「四人幫」的熱潮也突然降溫。胡福明忽然意識到，要抓一個總的問題來推動撥亂反正，就像打開閘門一樣，「閘門一打開，撥亂反正就可以勢如破竹」。而「閘門」如果不開，思想解放的激流就會受阻，難以奔湧而下。經過長時間的觀察和思索，1977 年 3 月胡福明認為衝破「兩個凡是」是問題的關鍵，而「兩個凡是」又是盛行多年的「句句是真理」、

---

37. 光明日報編輯部編：《紀念真理標準問題討論 30 年　實踐是檢驗真理的唯一標準》光明日報出版社，2010 年。

「一句頂一萬句」的翻版。只有徹底否定「兩個凡是」，否定「句句是真理」，否定天才論，才可以像《國際歌》所唱的那樣：讓思想衝破牢籠。

胡福明從「真理標準」這個問題入手，提出實踐才是驗證真理的正確方式，這原本也是馬克思主義的基本原理之一。在當時的特殊歷史背景下，提出來否定高層所提倡的「兩個凡是」、扭轉十多年來的政治風向，是需要極大勇氣的。

1977 年 9 月，胡福明按照在醫院構思好的大綱寫出了文章，寄給了在一次會議上認識的《光明日報》記者王強華。寄出去之後好幾個月都沒有動靜，直到第二年的 1 月，胡福明才收到了回函。之後的幾個月裡，王強華和胡福明多次通訊。王強華在信中告訴胡福明，文章可以發表，但需要做一些修改，理論上要更加完整和嚴謹，表述上要更貼近現實、更有戰鬥力。

1978 年 4 月上旬，經過近 3 個月的修改，《實踐是檢驗真理的唯一標準》經中央黨校哲學教研室主任吳江等人的斟酌修改，最終於 4 月 27 日定稿。

這篇文章原定在《光明日報》哲學專刊第 77 期上發表，但新任總編輯楊西光看完這篇文章後，覺得放在哲學副刊發表可惜了，作為重要文章，要放在頭版發表，這樣影響更大。於是，這篇文章在胡耀邦審閱定稿之後，先在中央黨校 5 月 10 日出版的《理論動態》上刊出。第二天，也就是 5 月 11 日，由《光明日報》以「本報特約評論員」的名義頭版刊發。

小崗村的大包幹意味著底層民眾的行動自覺，而這篇文章的發表則是標誌著知識階層與決策階層的思想自覺。可以說，這兩個事件在同一年出現，意味著整個國家從上到下都已準備就緒，中華大地上，一場史無前例的巨大變革即將來臨。

　　《實踐是檢驗真理唯一的標準》刊發後，新華社當天就全文轉發，5月12日，《人民日報》和《解放軍報》轉載，緊接著一場全國性的真理標準問題的討論拉開了序幕。《實踐是檢驗真理的唯一標準》文章在黨內外和廣大幹部群眾中激起了強烈反響。

　　1978年6月2日，鄧小平在全軍政治工作會議上講話，在關鍵時刻給真理標準問題的討論以有力的支持。中央和地方報刊發了許多闡述實踐是檢驗真理的唯一標準的文章，作者包括當時的各級領導。真理標準的大討論在全國可以說如火如荼，異常熱烈。

　　同年年底，對中國具有深遠歷史影響的十一屆三中全會在北京召開了。

　　在這一次全會前，已經召開了為期三十六天的中央工作會議。鄧小平在會議閉幕式上作了題為《解放思想，實事求是，團結一致向前看》的講話，為隨即召開的十一屆三中全會作了充分準備。鄧小平的講話實際上成了三中全會的主題報告，把全黨的工作重點轉移到社會主義現代化建設上來也成了三中全會的中心議題。

　　十一屆三中全會是一個偉大的起點，中國從此進入了改革

開放和社會主義現代化建設的全新時代。

小崗村的村民沒有想到,他們成了歷史進程中偉大的先行者之一。事實證明,包產到戶所激發出來的潛力極為驚人。1980年年末的有關統計顯示,堅守在人民公社陣營裡邊的產量不增不減,包產到組的地方增產10%到20%;包產到戶的地方增產30%到50%。

1980年春節前,時任安徽省委書記的萬里專門來到小崗村考察,看見家家糧滿囤,戶戶穀滿倉的場景後,他非常高興。此後,對於不時傳來的反對「大包幹」的聲音,萬里的意見是,「大包幹只要能增產,不僅今年幹,明年還要幹。」萬里的公開表態,讓小崗村的村民們吃下了定心丸。

1980年5月31日,鄧小平在《關於農村政策問題》的談話中指出:「『鳳陽花鼓』中唱的那個鳳陽縣,絕大多數生產隊搞了『大包幹』,也是一年翻身,改變面貌。有的同志擔心,這樣搞會不會影響集體經濟。我看這種擔心是不必要的。」

1980年9月27日,中共中央印發了《關於進一步加強和完善農業生產責任制》的通知,指出,可以「包產到戶」,也可以「包幹到戶」,並在一個較長的時間內保持穩定,「大包幹」從此有了全國「戶口」。到1981年年底,全國已有90%以上的生產隊建立了不同形式的農業生產責任制。

從1982年到1984年,中央連續三年以「一號文件」的形式,對「包產到戶」和「包幹到戶」的生產責任制給予了充分肯定,並在政策上積極引導,從而使包產到戶和包幹到戶的責

任制迅速在全國廣泛推行，人民公社制度隨之解體。此後，家庭聯產承包責任制不斷完善，最終形成農民家庭承包經營制度。

到 80 年代末 90 年代初的時候，小崗由 1978 年的 20 戶人家繁衍到了 33 戶，全隊糧食總產由 3 萬多斤增長到了 50 萬斤，人均純收入從 22 元增長到了 640 元，耕牛由 4 頭發展到 19 頭，戶戶有了電視機、自行車，全隊已有 19 台拖拉機。

與此同時，鳳陽縣地區生產總值從 1978 年 7450 萬元增長到 1988 年 56543 萬元；財政收入從 917 萬元增長到 2531 萬元；農民人均收入從 61 元增長到 521 元。

根據中國國家統計局資料，1978 年全國糧食總產量僅有 6000 多億斤，家庭聯產承包責任制建立之後，激發了廣大農民的積極性，解放了農業生產力，促進糧食產量快速增長。全國糧食總產量 1984 年達到 8000 多億斤，到 1993 年，全國糧食產量突破 9000 億斤，此後 14 年間分別於 1996 年第一次達到 10000 億斤，2012 年全國糧食總產量達到 12245 億斤，比 1978 年翻了一倍，2017 年全國糧食總產量達到了 13232 億斤。

經濟作物也獲得了巨幅增長。比如棉花，1978 年全國棉花產量僅有 217 萬噸，2012 年達到了 661 萬噸，增長 3 倍。再比如油料，1978 年全國油料產量僅有 522 萬噸，2012 年增加到 3286 萬噸，2017 年全國油料產量達到 3475 萬噸，相當於 1978 年的 6.66 倍。

1984 年 10 月 20 日，中共十二屆三中全會在北京舉行。

會議一致通過《中共中央關於經濟體制改革的決定》並明確提出：進一步貫徹執行對內搞活經濟、對外實行開放的方針，加快以城市為重點的整個經濟體制改革的步伐。

這意味著經營模式的改革從農村走向了城市。二十天後的11月9日，由姜維創建的光彩實業有限公司經國務院特批成立，成為改革開放後的第一家私營企業。此後，民營企業與外資企業一起，在中國蓬勃發展，與國有企業、集體企業一道，成為中國社會主義市場經濟中不可或缺的一部分。1999年中國明確非公有制經濟是社會主義市場經濟的重要組成部分，2004年保護私有財產寫入憲法，這些都很好地保證了民營和外資企業的權益，成為促進經濟發展和人民就業的有效保障。

國有企業同樣進行了多樣化的改革。1986年全民所有制企業改革啟動。國務院發出《關於深化企業改革增強企業活力的若干規定》，提出全民所有制小型企業可積極試行租賃、承包經營。全民所有制大中型企業要實行多種形式的經營責任制。各地可以選擇少數有條件的全民所有制大中型企業進行股份制試點。

企業的改革改制大大激發了企業和員工的生產積極性。2001年中國加入世貿組織更是為廣大企業提供了廣闊的發展空間，從此，中國製造業實力不斷提升，逐漸成為「世界工廠」。據統計，至2017年，中國鋼鐵、水泥、汽車等220多種工業品產量居世界第一，製造業增加值達到24.3萬億元，規模相當於1978年的175倍。服務業也快速發展，成為拉動國

民經濟增長的重要動力和新引擎。

　　從十一屆三中全會開始，以鄧小平為核心的黨中央逐步開闢了一條建設中國特色社會主義的道路，40年來，中國沿著這條道路取得了舉世矚目的建設成就。

　　鄧小平早在1962年在接見出席共青團三屆七中全會與會人員時，就談到了對恢復農業生產和包產到戶的看法。他引用劉伯承經常說起的四川諺語：「不管黑貓白貓，只要捉住老鼠就是好貓」來表達自己的態度，這句話後來也演變成了著名的「白貓黑貓論」。1986年1月鄧小平被美國《時代》週刊評選為年度風雲人物。「不管黑貓白貓，捉到老鼠就是好貓」這句話也被摘登在《時代》週刊上，「白貓黑貓論」也隨之擴大到世界，成為世界人民知曉的名言。

　　「白貓黑貓論」充分體現了鄧小平在制度設計上的務實態度。作為改革開放的總設計師與掌舵者，在重要的歷史關頭鄧小平顯現出了一個傑出領導人的非凡智慧與勇氣。1978年，在萬馬齊喑、思想回潮的時候，他高瞻遠矚，在三中全會上破除了思想障礙，開啟了中國的大未來；在1992年，在前路彷徨、搖擺不定的時候，他撥雲見日、指明航向，在南方談話中一錘定音。

　　可以說，改革開放開啟了中國通向未來的正確道路。在古老的神州大地，寒冬終逝，春天已至。

3. 春天來了：中國首次多買家社會實踐

　　小崗村的變化給了整個中國一個很好的啟示——分配方式的變革能極大地促進生產的提升。從大歷史的角度來看，這一次的變革堪比兩千年前的商鞅變法，它極大地改變了分配方式，讓多買家社會形態首次在中國土地生根落地。

　　在確立國家發展方向的十一屆三中全會上，通過了一個頗具分量的重要文件——《中共中央關於加快農業發展若干問題的決定》。這份文件中有25條政策，從這些「破冰」的政策中我們可以看到改革的總體思路，從而尋找社會變化的真因。

　　這二十五條政策中最為重要和最具有指導性的是前三條。

　　第一條是這樣寫的：「人民公社、生產大隊和生產隊的所有權和自主權應該受到國家法律的切實保護，任何單位和個人都不得任意剝奪或侵犯它的利益。在堅持社會主義方向，執行國家政策、法律、法令，接受國家計畫指導的前提下，人民公社的基本核算單位都有權因時因地制宜地進行種植，有權決定增產措施，有權決定經營管理方法，有權分配自己的產品和現金，有權抵制任何領導機關和領導人的瞎指揮。[38]」

　　一份嚴肅的國家政策文件出現「瞎指揮」這樣帶有一點情緒的口語，可見這份政策對於人為干預企業或機構經營的強烈否定。突出經營主體的自主性，顯然是這一條政策的最大訴求。

---

38. 葉明勇：《從現代化視角解讀《中共中央關於加快農業發展若干問題的決定》》，《古今農業》2010 年第 01 期。

第二條寫到：「任何單位和個人，絕對不允許無償調用和佔有生產隊的勞力、土地、牲畜、機械、資金、產品和物資。國家各部門在農村舉辦各種企事業（農民自願舉辦和各種企事業不在內），除了國家有法律法令規定的以外，絕不允許給集體和社員增加任何負擔。舉辦農業基本建設，發展社隊企業，都要堅持自願互利的原則。在國家計畫以外，任何單位不准向社隊抽調勞動力；計畫內抽調的合同工、臨時工，必須簽訂合同，規定合理報酬。」

「不得無償調用和佔有生產隊各類資源」「不允許給集體和社員增加任何負擔」這是在保護經營主體的自主性和自身利益。另外值得注意的一點是「無償調用和佔有」實際上還是以人的意志為主，而「必須簽訂合同，規定合理報酬」凸顯了契約的重要性，這在當時是一個了不起的進步。

第三條指出：「人民公社各級經濟組織必須認真執行各盡所能、按勞分配的原則，多勞多得，少勞少得，男女同工同酬。加強定額管理，按照勞動的數量和品質付給報酬，建立必要的獎懲制度，堅決糾正平均主義。」

這是非常關鍵和重要的一條，「堅決糾正平均主義」「按勞分配」「同工同酬」是當時社會條件下打破「大鍋飯」、解放生產力最關鍵的舉措之一。

總的來看，《中共中央關於加快農業發展若干問題的決定》這份文件的核心主旨就在於增強經營主體的自主性與獨立性，促進按勞分配，同時反對行政干預，強調契約精神。

十一屆三中全會的政策為農業經營主體「鬆綁」，提倡按勞分配，雖然僅局限於農業，但從大的層面上來說，已經為建立起統一量度的新社會分配機制邁出了具有指引意義的第一步。在當時的社會而言，這是一個巨大的突破。

　　1982年，中共中央批轉《全國農村工作會議紀要》，正式確認了農村聯產承包責任制，專業承包、聯產計酬，聯產到勞，包產到戶，從而在農村和農業領域正式確立了結果導向的分配制度。

　　農村的改革短期即可見到成果（作物大幅增產），而且從知識階層、領導階層（真理標準討論）到底層民眾（小崗村為代表的大包幹實踐）都比較認可，在數年之內相對順利地確立了新的分配制度，大大促進了生產發展。

　　同時，中國城市的制度改革，情況更複雜，過程也更漫長。

　　1979年，中國在深圳、珠海、汕頭和廈門試辦特區。這四個特區開始是叫「出口特區」，第二年才改為「經濟特區」。這也可以看出，辦特區的初衷是為了擴大地方和企業的外貿許可權，鼓勵增加出口。但實際上，在與港澳臺的經濟往來時，尤其是隨著港澳臺外資企業的逐步進入，也帶進來思想觀念、企業管理制度等多方面的衝擊與融合。

　　經濟特區是「先行先試」的典範。港澳臺地區的先行示範為特區發展提供了全方位的參考與借鑑。尤其是靠近香港的深圳，從香港獲取了很多有益的經驗，逐漸成為民營經濟最活躍

的城市之一。

　　中國能在不到五十年的時間裡快速崛起，其祕訣在哪裡呢？這是一個不太容易回答的問題。我們應該看到，這裡面起作用的因素很多，但有一點是非常關鍵的。「王侯將相，寧有種乎」，中國人天生是有向上奮鬥的意願的，而五千年文明史種，有很長一段時間裡大部分人的這種願望都是被壓制的，「一買家社會」的森嚴等級和頂層統治者的絕對話語權，很大程度上抑制了社會整體的創新活力和前進動能。

　　改革開放是華夏文明史上第一次開啟「多買家社會」制度模式的實踐，這個政策給了企業和大多數人相對公平的發展空間。正如十一屆三中全會的三條重點政策所體現出來的，各經濟主體經營獨立、各勞動者按勞分配，重視契約、反對人為主觀干預，這些制度都是啟動中國社會活力的關鍵。

　　正如有人所說，世界上永遠不可能有「終點」的公平，但是鄧小平的改革開放起碼給人民以「起點」上的公平。英雄不問出處，只要努力、勤奮、敢於挑戰、永不放棄，就有可能改變自己的命運。對個人來說如此，對企業來說也是如此，這也是多買家社會推進社會進步的真諦所在。

　　人們都說，中國是被喚醒的巨龍。但對一條巨龍而言，只有她身上的每一個細胞都被喚醒，它才會爆發處強大的生命力。改革開放的偉大之處，正是啟動了大多數企業和大多數人的創造活力。

4. 蘇醒的巨龍：國家發展史上的偉大奇蹟

在中國，建造一座有 1000 個床位的醫院需要多久？ 2020 年，中國向全世界展示了自己的答案。

2020 年年初，一場突如其來的疫情襲擊武漢。短短數天，因為患者過多，武漢醫療系統瀕臨崩潰，大量病人難以得到有效收治。於是，黨中央決定興建兩座設備齊全的大型醫院，一座占地 7 萬平方公尺、床位 1000 張，另一座占地 22 萬平方公尺，床位 1600 張；而工期，從正常情況下的兩年分別壓縮到了 10 天、12 天。更麻煩的地方在於，作為應急工程，醫院在建設過程中難免有設計變更，使用標準可能不斷提高，相應的，工程的內容會不斷增加。因此，很多人說：「這是不可能完成的任務！」

結果呢？十天之後，兩座醫院真的拔地而起[39]。

這兩座醫院被命名為火神山與雷神山。火雷噬（shì）嗑（ké）是易經六十四卦的第二十一卦，屬上上卦，剛柔相濟。卦象是必須咬斷口中障礙，方能合攏，意味著如有諸事被阻，全力去除，必定成功。這個卦象本身就意味著全力以赴的決心。「火神山」與「雷神山」的命名，也許就由此而來。

火神山、雷神山兩座醫院並非是簡單的臨時醫院，並不是建設好板房、劃定各類區域、建設好吃住排污等簡單設備就能交付的[40]。因為疫情傳播極快，這兩座醫院需要具備良好的空

---

39. 周乃翔：《踐行初心使命 奮力建成火神山雷神山醫院》，《建築》2020 年第 15 期。
40. 陳朝陽等：《以科技力量成就抗"疫"的"中國速度"——中建三局武漢火神山、雷神山醫院優質高效建成背後的秘密》，《建築》2020 年第 06 期。

氣循環系統和避免交叉感染的氣密性設計，而由於需要診斷和收治大量危重病人，需要各類昂貴的醫療設備和特殊場所，如X光機／X光室、CT機／CT室、手術室，ICU設備及病房。普通醫院需要具備的醫護通道、消毒系統、氧氣管線、遠端會診系統、生命支持系統和醫護人員居住的吃住行等生活系統等都基礎設施都需要一次性建設好。一個醫院，涵蓋數十道工序，需要協調數千人同步並行開展設計、建設、安裝、裝修等。

這一切需要在 10 天內完成，其難度可想而知有多大。

設計單位在接到技術支援請求後，78分鐘內就將17年前北京小湯山醫院的建設圖紙整理出來。1天之內，承擔設計任務的中信武漢設計院就拿出了設計方案。

這並不是一個普通的設計。依據《傳染病醫院建設標準》，一座傳染病醫院建設，涉及基礎工程、土建及裝飾工程、給排水及消防系統、供配電系統、照明與監控、通風空調系統、通訊弱電、醫用氣體工程、淨化工程、室外及市政配套、污水處理設施11個專業。單單是協調這11個小組的進度和保持小組間的有效溝通，都是一個非常繁雜的工作。過程還不能出錯，一旦出錯，工期肯定會出現延誤。

而負責建設的中建集團，在一日之內動員了 4 萬名建設者。接到醫院建設任務的當晚，第一批次的 300 多名建設者立刻帶著 40 多台機器開進現場，對場地進行平整作業。因為疫情的特殊情況，在做好預埋管道的同時，還同步做好 12 道工序的防滲工程，避免污水流到地下。

而與此同時，電信運營商在一天內完成了火神山醫院的5G基站，其中包括了光纜敷設、基站安裝、調試開通等工作。供電局完成了4台環網櫃的安裝以及10千伏線路的遷改，保證了供電。

　　建設醫院需要的眾多物資，比如搭建板房的彩鋼板，醫療用的口罩、防護服、護目鏡、各類醫療器械，通訊網路機房需要的網路交換機、UPS、存儲伺服器，供電系統需要的變壓器、環網箱、電力電纜等都在短期內全部到位。

　　全國各地1608家供應商、952家分包商，為醫院建設提供了充沛的人力和物力。電信部門還建立起了現場24小時不間斷直播系統，可以隨時通過網路直播關注施工進度，高峰時觀看人數超過一億。

　　第五天，部分混凝土基礎已經硬化完畢，施工隊伍開始進行大面積板房搭建。房屋搭建起來後，開始安裝水電線路，安裝各種醫療設備。500台電腦和275台印表機的IT設備，送到了火神山醫院，並安排了現場支持人員。第八天，醫院送電成功。此時病房區已經基本成型，開始進行隱蔽工程和內部裝修，安裝空調和熱水器。

　　第十天晚上，醫院主體成型，吊裝完畢，可以移交給使用單位。

　　比舉國體制更讓人吃驚的，其實應該是這其中蘊含的強大的工業生產和物流能力。在全國假期的時間裡，可以快速組織數千人的合格建設工人，類型涵蓋廣泛的工業成品可以快速運

送到現場，如果沒有品類齊全的工業體系、訓練有素的各類工程師和建設者、四通八達的物流體系和基建系統，是難以達成這個目標的。

這種能力其實是可以找到先例的。

2011 年，一家中國公司用 15 天建起了一座 30 層的高樓，2014 年，另一家公司用 19 天造出了一棟 57 層的大廈，雖然這種有準備的建設比火神山醫院、雷神山醫院要簡單一些，但也足夠驚人。

在 1978 年以後，在不到半個世紀的時間裡，中國成就了偉大的發展事業，而工業的發展與成就只是中國奇蹟的一個方面。1980 中國 GDP 僅僅 3000 億美元，2015 年則達到了 11.8 萬億美元，成為第二大經濟體，1980 年對外貿易總額不到 400 億美元，而 2015 年這個數字翻了 100 倍，達到了 4 萬億美元。2015 年，中國每 16 周的經濟增長量相當於一個希臘，每 25 周的經濟增長量相當於一個以色列。2005 年時，中國每兩周全國的建設量能建設一個當時的羅馬城。中國建設了龐大的高鐵網路，高鐵里程超過其他國家總和……類似的成就可以說不勝枚舉。

在十一屆三中全會閉幕之後，鄧小平被美國《時代》評為年度世界風雲人物，並登上了雜誌封面。《時代》週刊說：「鄧小平向世界打開了中央之國的大門，這是人類歷史上氣勢恢宏、絕無僅有的壯舉！[41]」

---

41. 時代週刊編輯部：《鄧小平，中國新時代的形象》，《時代週刊》1979 年。

事實證明，這段評價並非過譽。中國巨龍的騰飛充分證明了改革開放的正確性，而它所激發出來的潛能，是促使一個社會進步的真正密碼。

第九章・從明治維新到戰後改制：
日本的兩次逆襲

　　如果按照地緣政治學的觀點來看，十八世紀的日本可以說幾乎沒有任何發展的勢能。

　　當時的日本正處於江戶時代，在幕府統治下，政治昏聵、階層僵化、人民困苦。日本國土狹小，和它隔海相望的，是中俄這兩個體量巨大的國家。日本本土幾乎沒有任何可以促進近代工業發展的戰略資源，國內受過教育的人少得可憐，受過系統科學技術教育的人幾乎沒有。無論從哪方面來看，這個國家都沒任何可挖掘的潛力，更不用說成為一個有全球影響力的工業國家。

　　然而，就是這樣一個疆域狹小、資源和人才都極度匱乏的「小國」，卻能在明治維新之後快速崛起，還打敗了昔日的宗主國中國，以及疆域廣闊、工業發展遠早於自己的俄羅斯，成為東北亞地區的新霸主。

　　是什麼推動了日本的崛起呢？讓我們從日本歷史發展的軌跡來透析其背後原因。

1. 大洋彼岸來的黑船

　　1853 年 7 月 8 日，日本德川幕府的咽喉要地江戶灣相州

浦賀發生了一個意外事件。

這一天是日本嘉永六年的六月初三，許多日本居民在岸邊來來往往，與平日似乎沒有什麼不同。有人望向海面時，忽然看到了前所未見的奇特景象：四座如同小山一般的黝黑巨船從遠處駛來，其中的兩艘船發出巨大的轟鳴聲，粗粗的「桅杆」頂端還不斷冒出濃厚的黑煙。

這是美國海軍的四艘軍艦，其中兩艘是蒸汽動力明輪護衛艦。四艘軍艦中最大的薩斯喀那號排水量達到了 2450 噸，最小的薩拉托加號也有 882 噸。為了防止船隻上的金屬零件生銹，這四艘軍艦的船體都被抹了厚厚的黑色柏油，遠遠望去，就像是四座黑色的小山一般。當時江戶時代的日本國內，比較大型的運糧船被稱為「千石船」。千石船的最大運載能力也不過數十噸而已，比起這些軍艦來說無疑是小巫見大巫了。當時的日本人從來都沒有在海上見過這樣的龐然大物，他們驚呼這些「小山」為「黑船」——這就是日本近代史赫赫有名的「黑船來航」事件[42]。

這四艘美國軍艦的統帥是美國東印度艦隊司令官、海軍准將馬休·卡爾布萊斯·佩里，他率領四艘巨艦來到日本，當然不是為了遊覽觀光。就在日本民眾驚魂未定地望著這幾艘戰艦議論紛紛之際，四艘美國軍艦已在海面一字排開，船上的數十門大炮直接對準了江戶灣岸上的岸防炮臺！

來者不善！事情很快被通報給了孝明天皇，但天皇卻對此

---

42. 三谷博：《黑船來航》，張憲生、謝躍譯，啟微·社會科學文獻出版社，2017 年。

一籌莫展，只能一邊諭示幕府不要忘記他們保衛日本的責任，一邊一連十多天親自前往神社祈禱，乞求海上的「神風」能摧毀來犯的黑船。

但是這一次沒有元朝艦隊侵襲日本列島時的幸運了，不管天皇怎麼祈禱，海上始終風平浪靜，「神風」終究沒有到來。當時手掌大權的德川幕府當然不會不知道，就在十多年前的鴉片戰爭中，中國清政府在與英國人的艦隊作戰，也因為失敗而被迫簽下屈辱的不平等條約——《南京條約》。此次前來日本的四艘美國軍艦在規模上雖遠不及當初鴉片戰爭時的英國艦隊，然而美國人派出的四艘軍艦上有63門大炮，而當時整個日本在江戶灣部署的海防炮在射程及火力可與之相比的也只有20門左右，僅相當於對方的三分之一不到，實力差距非常懸殊。

在「不開國就開火」的威嚇下，德川幕府頗有些首鼠兩端：他們一方面不敢拒絕開國的要求並直接開戰；另一方面又擔心接受美國人的國書之後，會引起全國上下的不滿。幕府知道對抗必然失敗，但又不甘心就此放棄鎖國政策，因此採取「能拖一時是一時」的拖延政策。最終，幕府在最終不得已接受國書時，派當時擔任幕府首席老中的阿部正弘對美國人說，需要得到天皇的批准方可接受條約，並提出來年春天再給美國人答覆。

佩里遞交的國書中有美國總統菲爾莫爾要求的三項內容：日本開港、保護美國遇難船員、提供煤水補給站。耐人尋味的是，國書中還提到了，美國的蒸汽快船隻需要 18 天即可跨過

浩瀚的太平洋，從美國西海岸抵達日本。這其中的恫嚇意味，不言自明。

在遞交國書的時候，還有一個互贈禮物的細節，足以說明當時的幕府有多麼的孱弱與無力——佩里送給幕府的是昭示出工業文明先進與強大的火車機車模型和電報機，而幕府卻只能回贈以當時日本作為農業文明國家的珍貴象徵——大米。諷刺的是，當時唯一顯現出日本「力量」的，竟然是日本派來搬運大米的力士。

第二年2月11日（嘉永七年一月十四日），佩里如約而至。這次他帶領7艘軍艦、200門大炮和1000多名戰鬥人員再次蒞臨江戶灣。這次美國人的「黑船」更多，火力更猛，噸位更大，美國人顯然是有備而來——即使日本在半年間有所準備，也一樣難以抵擋這支強大的艦隊。

面對美國人的堅船利炮，日本人直接屈服了。依照菲爾莫爾總統的國書內容，幕府在3月31日與美國簽訂了《日美和親條約》[43]（即《日美神奈川條約》）。條約同意美國船隻在下田、箱館兩港停泊和購買物品，同意在下田設置領事等，同時規定了給予美國最惠國條款。兩個月後，雙方又在下田簽署《日美神奈川條約》的附件，作了更詳細的規定。從此，封閉了兩百多年的日本國門終於打開了。

事情很快傳到了歐洲，俄、荷、英等歐陸列強就像是聞

43. 張岩、黃定天：《近代中、日、朝“被迫開國條約”之比較》，《社會科學戰線》2010年第09期。

到了血腥味的鯊魚一樣接踵而至。日本先後與俄國、荷蘭、英國、法國簽訂了通商條約，其中與俄國的條約還屈辱地割讓了北方四島。這四個條約與和《神奈川條約》一道被稱為《安政五國條約》。

「黑船來航」徹底改變了日本社會的走向。按理說，日本人對逼迫日本接受不平等條約的美國艦隊應該心存怨恨才對，然而今天的日本人對於「黑船」的態度卻頗為耐人尋味。

日本人非但並不憎恨「黑船來航」，反而隆重紀念了這一事件。他們在神奈川縣橫須賀市的久里濱建立了佩里公園，專門紀念艦隊司令馬休‧佩里。他們在當年美國遠征軍登陸的地點豎立了紀念碑，上面有近代日本政治家伊藤博文書寫的漢字題詞──「北米合眾國水師提督伯理上陸紀念碑」。每年的7月8日，佩里公園裡都會有一場由民間組織的紀念活動──「黑船祭」。在黑船祭的表演活動中，當年入侵日本的美國遠征軍是以英雄的姿態出現的。

日本人的這種態度確實引人深思。「黑船來航」帶來了《日美神奈川條約》，給了美國人最惠國待遇和治外法權，但同樣也讓日本人從震驚之中蘇醒。他們發現腐朽的幕府制度早已不適應這個時代，日本與西方存在著難以跨越的巨大差距，只有向西方學習，才能讓日本變得更強大。

從這個角度上來說，儘管當年佩里率領強大的「黑船」艦隊迫使日本簽訂第一份不平等條約，但後世的很多日本人並不視之為仇敵。相反，佩里及「黑船」的到來，間接促使了幕

府倒臺，使得日本開始向近代化轉變，並從此走上富國強兵之路。不少日本人有感於此，將佩里視為日本的恩人。在「黑船來航」之後，務實的日本人以西方為師，開啟了日本社會的巨變之門。

2. 菊與刀：扶桑之國的百年巨變

從18世紀下半葉到19世紀上半葉，整個世界發生了翻天覆地的變化。美、英、法、俄等歐美列國在經歷工業革命之後，逐漸成為競逐全球的世界級強國，它們開始為本國急需的生產原料、傾銷市場、殖民地與轉運站向遠東投送力量並做好了長期經營的策略準備。而此時，幕府治下的日本依然固守鎖國政策，在東北亞獨居一隅——從整個世界的視角來看，日本平平無奇，甚至可以說幾乎沒什麼存在感。

西方人原本對孤懸亞歐大陸之外的島國日本不感興趣，然而，十三世紀的《馬可‧波羅遊記》讓西方人開始審視起日本來。馬可‧波羅把日本描述成一個距離中國2400公里的「黃金之國」，日本人用黃金蓋成了國王的宮殿，在宮中用4公分厚的金磚鋪滿道路和房間的地板，甚至用金子做窗戶框……儘管這些記載明顯不符合事實，但這本書無疑大大提升了西方人探索日本的興趣。「黑船來航」就是在這樣的背景下發生的，而美國人的出現也徹底改變了日本的命運。

日本人之所以對「黑船」抱有一定的感念之情，和當時日

本國民的境況有很大關係。當時日本的大部分國民生活困苦，很多人對等級制下缺乏生氣的德川幕府統治深懷不滿，「黑船」突然出現，讓一部分日本人受到了極大的震撼，認識到了本國與外部世界的巨大差異，改變日本現狀的願望也由此變得越發強烈。

其實，成為變革阻礙的德川幕府，曾經也有過輝煌的歷史，但時移世異，十九世紀依然固守四民等級制度的日本和實施著閉關鎖國政策的德川幕府，已經和全球的變革潮流背道而馳。

慶長二十年（1615 年），德川家康在大阪夏之戰率軍消滅豐臣氏、統一全國，自此開創了三河德川氏對日本的統治。德川幕府統治日本的時期，因為把京都遷到了江戶（今東京），所以也被稱為「江戶時代」。

德川幕府繼承了豐臣秀吉時代確立的四民等級制並將其發揚光大，這也成了德川統治時期最突出的時代烙印。

1591 年，豐臣秀吉頒佈《身份統制令》，宣佈「禁止武士成為百姓、町人；禁止百姓棄田不耕或從事工商業；禁止武士擅自離開主公。」四民制度由此以法律形式固定，並在隨後的德川時代延續了下來。

四民中的「士」，指的是武士，將軍、大名（地方諸侯）是武士的首領。「農」即農民，專門從事農業生產。而「工」「商」兩個階層主要是指商人和手工業者，他們也被稱為「町人」。除了四民之外，還有賤民階層，他們也被稱穢多、非人，從事一些卑賤的職業。

除了日益僵化、不合時宜的四民等級制度之外，幕府還施行閉關鎖國的政策，禁止外國的傳教士、商人與平民進入日本，不允許國外的日本人回國，甚至還禁止製造遠洋航行的船隻。在幕府時期，日本僅開放長崎港作為對外港口，還與中國、朝鮮和荷蘭等國通商。

　　「黑船來航」及後續簽訂的一系列不平等條約激起了日本國民對於幕府的強烈不滿。本來就與幕府有矛盾的皇室公卿、地方強藩聯合起來，提出「尊王攘夷」，尊奉天皇，直接對抗幕府和西方列強。

　　1862 年年底至 1863 年年初，尊王攘夷派策動天皇下詔，令幕府定期宣佈攘夷（廢約、閉港、驅逐外國人）。在壓力之下，幕府被迫答應天皇實行攘夷，通告各國公使將關閉港口。隨後，長州藩、薩摩藩先後與英、法、美列強爆發衝突，並在京都發動倒幕政變。但在幕府與西方列強的聯合絞殺下，尊王攘夷派失利。

　　尊王攘夷失敗後，只能選擇武裝倒幕。以西南四強藩（長州，薩摩，土佐，肥前）為首的倒幕運動不斷發展，而幕府討伐長州藩的行動卻以撤兵告終，局勢逐漸逆轉。

　　1867 年，孝明天皇盛年去世，太子睦仁親王即位為明治天皇。11 月 8 日，明治天皇下達討幕密敕。隨即第二年發佈《王政復古大號令》，宣佈廢除幕府，令德川慶喜「辭官納地」。德川慶喜拒不接受，戊辰戰爭由此開始，以中下層武士和町人為主的新興群體成為倒幕的中堅力量。最終幕府戰敗，末代將

軍德川慶喜被迫奉還大政於明治天皇，由此揭開了整個日本歷史上的重要一頁。

1869 年，明治政府強制實行「版籍奉還」「廢藩置縣」政策，將日本劃分為 3 府 72 縣，建立中央集權式的政治體制，一切權力集於天皇一身。從 1871 年，明治政府開始派大臣前去歐美考察，考察回來後，提出了富國強兵、殖產興業、文明開化等口號，在社會制度、文化習慣、土地財稅、科學技術、教育軍事等各方面進行全面革新，這即是著名的明治維新[44]。

明治維新的大部分改革都以西方國家為範本，如在金融財政方面設立央行（日本銀行）、統一貨幣，許可土地買賣；在教育方面推行義務教育，建立各地中心城市建立帝國大學，並派留學生出國，培養高級科技人才；軍事方面參照西方國家軍隊改革軍隊編制，陸軍參考德國訓練，海軍則參考英國海軍編制；在文化方面學習西方社會文化及習慣，翻譯西方著作，曆制上停用陰曆改用西曆；科技方面，招聘外國專家，積極引進西方技術與近代設備，建立了一批以軍工、礦山、鐵路、航運為主的國營有企業等。

對日本社會產生更加深遠影響的是社會體制的革新。明治政府廢除了「士、農、工、商」四民等級制度，將皇室親緣關係者改稱為「皇族」，過去的公卿諸侯等貴族改稱為「華族」，幕府的幕僚，大名的門客等改為「士族」，其他從事農工商職業和賤民一律稱為「平民」，實現了形式上的「四民」平等。政府同

---

44. 大隈重信：《日本開國五十年史（上下）》上海社會科學院出版社，2007 年。

時頒佈武士《廢刀令》，廢除武士特權，還通過公債補償形式，逐步收回華族和士族的封建俸祿。這樣，一個天皇集權、階層逐漸流動的新型社會體系在維新後建立起來了[45]。

明治日本設立了文部省，頒佈《學制》，建立了 8 所公立大學，245 所中學，53760 所小學；改革軍隊編制，於 1872 年頒佈徵兵令，1873 年時作戰部隊動員可達 40 萬人；交通方面，興建新式鐵路、公路，到了 1914 年，日本全國鐵路總里程已經超過 7000 公里；司法方面，仿效西方制度，於 1882 年訂立法式刑法，於 1898 年訂立法、德混合式民事法，於 1899 年訂立美式商法。

「明治維新」後，日本展現出了極為驚人的發展勢能。1868 年日本全國只有 405 家工業企業，而且主要是手工工廠，幾乎沒有機器作業，1893 年工業企業增加到 3344 家，且絕大部分是機器工業。蒸汽動力船總噸位從 1.5 萬噸猛增至 11 萬噸，比明治維新前幾乎增長了十倍。鐵路里程數也出現井噴，1872 年日本第一條鐵路——東京（新橋）至橫濱（櫻木町）間鐵路通車，到了 1914 年，日本全國鐵路總里程已經超過 7000 公里！

「明治維新」後，國力日盛的日本先後廢除了幕府時代與西方各國簽訂的一系列不平等條約，牢牢把握了自己的命運，最終進入了近代化。

由此，日本完成了第一次巨變。僅僅 20 多年，日本就從

---

45. 阪野潤治：《未完的明治維新》，宋曉煜譯社會科學文獻出版社，2018 年。

一個積貧積弱的農業小國逆襲成為一個能與西方列強一爭長短的工業強國，不能不說，這是一個在整個世界史上都極其罕見的奇蹟。

然而，隨著天皇的全面掌權，崇尚武力的狼群社會特徵也開始顯現，日本也快速轉變為一個軍國主義國家。甲午戰爭中日本擊敗中國、日俄戰爭中日本擊敗俄羅斯之後，日本的野心開始日漸膨脹。

明治維新的半個多世紀後，日本發動了侵華戰爭，並加入軸心國同盟，成為第二次世界大戰的主要參與方。

這樣，在「黑船來航」近百年之後，美國軍艦再一次以征服者的姿態駛入東京灣。這一次是滿載排水量達 52000 噸的密蘇里號戰列艦，而新一任「佩里船長」就是大名鼎鼎的道格拉斯 · 麥克亞瑟—— 1945 年 9 月 2 日，作為西南太平洋戰區盟軍司令的麥克亞瑟在密蘇里號戰艦上正式接受日軍投降。

在「二戰」期間，麥克亞瑟曾指揮美軍在太平洋戰場上消滅了上百萬的日軍，可以說是太平洋戰爭獲勝的首功之人。戰後，作為同盟國的美國對戰敗國日本實施了單獨軍事佔領。一舉拿下日本的盟軍司令麥克亞瑟就成了順理成章的人選。日軍無條件投降後，麥克亞瑟被任命為駐日盟軍最高司令。自此，麥克亞瑟就常駐日本，開始統管日本的戰後重建。在此後的六年時間裡，麥克亞瑟乾綱獨斷，被譽為日本的「太上皇」。

當時日本天皇依然在位，「太上皇」的意思就是凌駕於天皇之上。其實，麥克亞瑟所做的也並非只是大權獨攬那麼簡

單，他從頂層入手，徹底地改變了日本社會。他革除了天皇的「神性」，讓日本社會從天皇專制向民主憲政邁出了一大步。

出於穩定和收服人心的考慮，麥克亞瑟在盟國一片廢除天皇的呼聲中，頂著壓力堅持保留了天皇制，使日本萬世一系的菊花王朝得以延續，這也被日本人視為麥克亞瑟最大的德政[46]。

但與此同時，麥克亞瑟也毫不客氣地讓被視為「神」的天皇墮落凡間。而在此之前，日本國內從上到下都宣稱天皇為「神」，從日本人接受教育那一刻起，這種觀念就深入人心。然而麥克亞瑟改變了這一切。

1945 年 9 月 27 日，麥克亞瑟在美國駐日大使館約談了裕仁天皇。裕仁天皇對麥克亞瑟說：「在國民進行戰爭時，我對於在政治和軍事兩方面所作的一切決定和行動負完全責任，我就是以這樣的身份，為了聽任貴方所代表的各國對我自己進行裁決而來拜訪的。」之後，裕仁天皇和麥克亞瑟談了很久。裕仁天皇表示自己是日本的神，在日本精神層面的重生中，自己扮演了極其重要的角色。為了日本的穩定，裕仁天皇請求麥克亞瑟保留自己的神格。然而，麥克亞瑟卻並沒有同意。

會談過後，麥克亞瑟主動要求裕仁天皇與自己合影。照片上的麥克亞瑟身材高大，身著軍便服，雙手叉腰，神情自若，相比之下，身旁的天皇佝僂著背，個頭矮小，神情拘謹。兩人誰才是日本的「神」，一望即知。此外，麥克亞瑟還笑著對美國記者說：「裕仁天皇比我想像中要好，他就像我的兒子一樣。」

---

46. 隋淑英：《麥克亞瑟與日本 "和平憲法" 的制定》，《齊魯學刊》2008 年第 04 期。

對於日本政府來說，這樣的照片有損國體，太傷天皇的尊嚴，準備禁止各報社發行第二天的報紙。然而盟軍總部當天就發出指令：「報紙必須照常發行。」懾於盟軍的威嚴，日本政府被迫讓步，在報紙上刊發了照片。照片上鮮明的對比給日本國民造成了極大的心理衝擊，很多人開始重新認識天皇的所謂「神性」。

最終，裕仁天皇於 1946 年 1 月 1 日發表「人間宣言」，最終否定了自己的「神性」，承認了自己只是個普通人。

這只是麥克亞瑟改變日本社會的第一步，但也是最重要的一步。麥克亞瑟修改了《大日本帝國憲法》，讓日本婦女享有選舉權，同時釋放政治犯，宣導言論自由，增加了義務教育的年限，要求學校停止軍國主義灌輸，向日本的士農工商各階級普及維權的知識，並將土地低價出售給農民，讓他們獲得生存的基礎。可以說，他全面而深刻地改變了日本社會的階層結構，天皇主導的皇權社會在日本已經一去不復返了。

日軍投降時，在密蘇里號上，作為盟軍受降代表的麥克亞瑟說了這樣一段話：「代表著地球上大多數人民的我們，並不是帶著懷疑、惡意、憎惡的念頭聚集到這裡來的。從過去的流血與殺戮當中，在自由、寬容、正義之下，創造出建立在信賴與理解的基礎之上的、能夠帶給人們尊嚴與希望的更加美好的世界，是我所熱切盼望的。這也是整個人類所期望的。」

當時的普通日本人會覺得這只不過是冠冕堂皇的表面文章，然而，事實證明，麥克亞瑟的確是以此作為信條對待日本

的。

　　出乎很多人意料的是，廢除天皇神性的麥克亞瑟並沒有被日本人指責，大多數日本人對他抱有感激甚至崇拜的情感。在佔領日本期間，麥克亞瑟每天都會收到大量的感謝信，甚至還有一些少女訴說仰慕之情的表白信。除了信件，他還會收到竹器、木器、繪畫、食品等各式不同的小禮物。

　　麥克亞瑟受到擁戴絕非偶然，也並非是日本人崇拜力量的天性使然。他的變革開闢了普通日本人的上升通道，使得一人專制的社會快速轉型為大部分人享有機會的社會。

　　在麥克亞瑟離開之後，日本社會的再度變革已經完成。而戰後廢墟中的日本再一次快速崛起。

　　美國總統特使小愛德溫・卓克在 1945 年 10 月中旬交給杜魯門的一份報告中說：「日本大城市的整個經濟結構已經被摧毀。」「二戰」過後，包括長崎、廣島在內，日本 66 個主要城市已經被炸毀，這些城市總計 40% 的地區被破壞，至少 30% 的人無家可歸。在最大的城市東京，65% 的住宅被摧毀。在全國第二和第三大城市大阪、名古屋，這一資料分別為 57% 和 89%。

　　在這樣的境況之下，戰後日本的經濟發展速度堪稱奇蹟。據統計，1960 ～ 1970 年，日本的工業生產年均增長 16%，國民生產總值年平均增長 11.3%。戰爭結束 24 年後，1968 年，日本的國民生產總值超過聯邦德國，成為西方世界第二號經濟大國。

到了 1986 年，日本的黃金儲備達到 421 億美元，位居世界第二；1987 年，日本的外匯儲備超過聯邦德國，居世界首位；1988 年，日本的人均收入達 1.9 萬美元，超過同期美國的 1.8 萬美元。1988 年，根據權威的美國《商業週報》統計，世界排名前 30 名的大公司中，日本占了 22 家。

　　從明治維新第一次崛起百年之後，日本再一次成為世界強國，完成了不可思議的第二次逆襲。

　　本尼迪克特在自己的作品《菊與刀》中說：「菊花和刀兩者都是這幅畫中的一部分。日本人既好鬥又和善，既尚武又愛美，既蠻橫又文雅，既刻板又富有適應性，既順從又不甘任人擺佈，既忠誠不貳又會背信棄義，既勇敢又膽怯，既保守又善於接受新事物，而且這一切相互矛盾的氣質都是在最高的程度上表現出來的。」矛盾中的日本在短短百餘年時間內完成了兩次社會轉型，轉變之大，可以說前所未有。社會轉型激發出了驚人的發展潛能，讓日本兩次快速崛起，這其中的原因，正是我們需要追尋的真相。

3. 日本：多買家社會的東方先行者

　　決定歷史走向的主因永遠是人而非其他因素。在明治維新中，科技、教育、財政等各方面的革新只是表徵，真正的內在原因在於社會階層制度的巨大變革——正是四民等級制度的覆滅和新的階層流動體制，讓日本人煥發出了全方面的潛能，推

動了國家的飛速進步。

　　「士、農、工、商」四民等級制度被德川時代的日本儒學家荻生徂徠極力提倡。荻生徂徠認為「四民」各自承擔著職責：農民的職責是生產米糧，手工業者必須通過手工勞動換取生活所需，商人應該使財物在全國流通起來，而武士，屬於統治階級，是純粹的消費者[47]。各階層之人各司其職相輔相成，士農工商缺一不可。為此「四民」應該「相親、相愛、相生、相承、相輔、相養、相匡、相救」，才能構成一個合理的社會。徂徠把君主比喻為父母，「四民」皆為幫助君主安天下的「役人」。

　　武士居於四民制度的頂端，德川時代日本武士約占全國總人口的百分之六，是德川時期的統治階層。武士階層不事生產，居住在遠離土地的「城下町」（町即市集、街市之意），擁有諸多特權，每月可領取祿米。最能體現其特權的是「苗字帶刀」，「苗字」即在正式場合可自報姓名，而佩刀特權甚至使得武士在其他階層面前擁有生殺大權。

　　農民占日本總人口的五分之四以上，專門從事農業生產，並且被嚴格限制在土地上。而「工」「商」兩個階層，也就是「町人」，其實在原本的制度設計中是依附於武士階層、為武士階層服務的。在武士居住的城下町中專門劃出「町人町」，供町人居住。處於四民中最末一層的町人，人口約占日本總人口的百分之六。四民階層占日本總人口的百分之九十以上。除

---

47. 楊立影：《荻生徂徠的憂患意識和社會治理思想》，《河北工業大學學報 (社會科學版)》2015 年第 02 期。

了四民之外，主要是散居於荒郊村落、從事卑賤職業的賤民階層，即穢多、非人。

其實，德川幕府之前的鎌倉幕府、室町幕府雖然挾天子以令諸侯，但嚴格來說並不算是一個中央集權政府，而是由各地的守護大名（類似諸侯）參與的鬆散聯盟。這種脆弱的聯盟也是日本進入殘酷的戰國亂世的主要原因。

戰國結束後，德川家康建立了一個佔據絕對優勢力量的中央幕府，對下實行分封制幕藩體系，並成功維持了三百年的統治。

在德川幕府治下，天皇雖然名義上是國家的最高統治者，享有崇高威望，但實際上並無實權，因為實權掌握在幕府將軍手中。將軍直接管理全國四分之一的土地和許多重要城市，其他地區則分成大大小小兩百多個「藩」，藩的首領大名聽命於將軍，世襲統治地方。將軍與大名都養著家臣（即武士），武士從將軍或大名那裡得到封地和祿米，其地位同樣世襲罔替。這構成了幕府統治的基礎，形成了由幕府和藩構成的封建統治制度。

可以說，當時的日本社會遠不像荻生徂徠描繪得那樣完美。在這種制度設計裡，可以看到整個日本社會處於一種等級分明的狀態。各個階層依照血統劃分，缺乏流動，一成不變。這是典型的無買家社會特徵，極大地束縛了各個階層改變自身命運的動能，社會也處於低水準發展的痼疾之中。

隨著時代的發展，荻生徂徠的理想世界變得越來越不合時宜。很多人都對這種等級森嚴的社會制度頗有微詞。明治時代

的思想家與教育家福澤諭吉在《文明論概略》中描述說：「就好像日本全國幾千萬人民，被分別關閉在幾千萬個籠子裡，或被幾千萬道牆壁隔絕開一樣，簡直寸步難移……這種界限，簡直像銅牆鐵壁，任何力量也無法摧毀。」

可以說，即使沒有「黑船」的出現，這種制度的倒臺也是必然的，只不過「黑船」的出現，加速了日本社會的變革速度。

在混亂的日本戰國時代結束後，武士階層拱衛幕府及各地大名，起到了維繫國家穩定的作用。但隨著和平時代的到來，武士階層日益成為一種佔用資源卻又不創造任何價值的階層。德川幕府後期，四民制度階層與階層之間的「銅牆鐵壁」開始變得不那麼穩固了，社會階層之間逐漸有了流動，而且這種流動變得越來越多、越來越難以被控制[48]。

階層之間的流動最主要的是社會財富分配所引起的。幕府強行維持的分配制度在新的形勢下變得支離破碎。商業發展使得町人階層快速崛起，佔據了大量財富，而中下層武士階層卻日漸貧困。這給整個社會體系帶來了極大的衝擊。

德川幕府末期武士階層的貧困可以說是時代的某種必然。當時，幕府及各地大名收入減少，克扣武士祿米的情況時有發生。德川時期的著名儒學家太宰春台在《經濟錄拾遺》中就曾寫道：「近來諸侯不論大小，因國用不足貧困者甚多，借用家臣俸祿，少則十分之一，多則十分之五六……」這讓很多武士

---

48. 張熹珂：《德川時代後期武士階層的社會流動及其啟示》，《探索與爭鳴》2015 年第 10 期。

的生計受到了影響。

更重要的原因在於德川幕府後期發生了嚴重的通貨膨脹，其他商品的上漲幅度要高於大米。由於武士需要將祿米交換成貨幣來維持生活開銷，其他商品的價格上漲，武士卻仍然領取一成不變的祿米，實質上意味著收入的相對下降。赫伯特・諾曼的《日本維新史》中說：「德川時代一個中級武士的平均收入大約是 100 石祿米，按照當時的生活標準，這大概相當於一個富農的收入，而全體武士收入的平均數則在 35 石之下，這就將眾多的武士置於和農民同樣的經濟水準。」昔日高高在上的武士階層，其經濟地位實際上僅相當於普通的農民。

而與此形成鮮明對比的是，伴隨著貿易的發展，町人的財富增加極為驚人，據統計，德川時期町人佔據了全國九成以上的巨額財富！町人高高在上的經濟地位無疑與其「低人一等」的社會地位產生了極大的反差。

在這樣的情況下，經濟上的困頓讓部分武士樂於「鬻爵」，即「出售」自己的階層地位。由此，雙方各取所需的「持參金養子」現象就出現了。

所謂「持參金養子」，是指來自町人家庭的兒子（一般是次子、三子而非長子）從家中攜帶財產到武士家庭做養子，成為武士的繼承人，從而實現階層躍升。養子制度的存在，本質上是一種打破舊有體制的潛流，即不同階層打破自然血緣關係的社會流動。

儘管德川幕府嚴令禁止這種破壞社會階層穩定的行為，但

「持參金養子」卻屢禁不止，大量來自町人家庭的養子進入武士家庭，《身份統制令》成為一紙空文。這實際上促成了「武士町人化」的現象。除了向町人階層流動之外，作為掌握著知識的精英階層，不少中下層武士開始轉行從事醫生、教師等工作。

由此，「武士＋町人」成為日本社會中最強大的中堅力量。他們聯合較早接受西方思想的大名（藩地諸侯），形成了財富、知識、地位兼具的新生勢力，並與渴望變革的廣大農民形成了「倒幕派」的中堅力量，最終促使社會形態的巨變。在這一層意義上來說：「黑船」入侵帶來的西方先進思想與技術，實質上起到了催化劑的作用，促成了社會變革的發生。

在明治維新之後，社會階層固化的藩籬被打破，福澤諭吉所說的「銅牆鐵壁」被大幅削弱了，日本成功由無買家社會轉型為一買家社會，部分國民可以改變自身命運、實現階層躍升，他們的潛能被快速激發出來，並帶動了整個日本社會的大幅進步。

麥克亞瑟為日本帶來的則是另一番圖景。他廢除了一買家社會的根基——天皇至高無上的「神」性與權力，建立了結果導向、群雄競逐的多買家社會。這種社會的跨越讓日本在經濟上取得了巨大的成功，比起明治維新後的經濟成就甚至還要更勝一籌。

改變日本，當然不只是廢除天皇權力那麼簡單。1945 年10 月 4 日，盟軍總部發出關於民權自由的指令，要求日本政府立即解除對政治、公民和宗教權利的一切限制，廢除一切鎮

壓和壓制法令，釋放一切嚴格意義上的政治犯，取消一切新聞檢查，解散一切鎮壓機構和憲兵隊。

這是一個明顯的信號，意味著麥克亞瑟將用美式的治理思維來對日本進行全面改造。

1946 年元旦，裕仁天皇發表《人間宣言》，宣佈自己不是神而是人，自我否定其所擁有的神權。1946 年 2 月 3 日，麥克亞瑟命令幕僚起草憲法草案，該草案由前言和正文 92 條組成，這就是所謂的《麥克亞瑟草案》。日本政府以這個草案為藍本制定了日本的憲法草案，於 1946 年 3 月 6 日公佈。

麥克亞瑟對自己的「傑作」非常自得，他在回憶錄中甚至認為這部憲法是佔領當局最重要的成就，因為它給日本人民帶來了他們前所未有的自由與權利。

麥克亞瑟所言不虛。這部憲法最大限度地吸收了各國憲法中有關保障國民權利的條款，並結合日本的實際加以充實和擴大，成為西方發達國家憲法中關於國民權利規定最詳細的一部憲法。

新憲法取消了天皇總攬國家一切統治權的權力。同時，廢除天皇制的支柱——軍部以及輔佐天皇的樞密院。戰前日本議會分為眾議院和貴族院，貴族院的權力大於眾議院。戰前的議會不對選民負責，而對天皇負責。麥克亞瑟通過改革，取消了貴族院，設眾議院和參議院，兩院均由 20 歲以上男女公民直接選舉產生。

憲法規定了國民的義務和權利，特別是過去政治地位很低

的婦女,從此也和男人一樣享有選舉權和被選舉權。

新憲法草案出臺後不久,日本根據新的選舉法舉行了戰後第一次國會選舉。在這次選舉中,多達 1300 多萬名婦女首次獲得了選舉權。當選的議員來自各個階層,其中有 39 名婦女。

宣佈結果的第二天,一位法律界人士就來到了麥克亞瑟的總司令部。原來東京的一個妓女以25萬餘張的高得票率被選進了國會眾議院,法律界人士對此憂心忡忡。但麥克亞瑟堅持認為,選舉是神聖的,被選上就說明這是她應得的。隨後,麥克亞瑟給包括那位妓女在內的全體當選議員發了賀信。

麥克亞瑟不僅在政治上給國民賦權,在經濟領域,也同樣進行了破局。

一直以來,日本五分之四左右的工業和金融財富都控制在像三菱、三井、住友、安田這樣的大財閥手中。麥克亞瑟認為,這些大壟斷公司是專制的化身和腐敗的搖籃,不利於經濟發展,必須遭到解散。

但經濟上的改制比起政治更難,財閥的解散工作遭到日本方面的抵制。直到 1946 年 4 月,日本政府才成立持股公司整理委員會,開始對主要財閥的財產進行調查和核算。根據調查結果,日本政府分批公佈了持股公司名單。同時,佔領當局也公佈了財閥家族名單,並規定財閥必須交出所控制的股票,交出的股票,一半以上作為財產稅上繳,其餘由控股公司整理委員會公開出售。1951 年 7 月,日本政府宣佈解散財閥的工作結束。

事實上，財閥解散的工作並不算徹底，這也是日本現在依舊存在舊財閥的原因。但儘管如此，麥克亞瑟還是取得了相當大的成功，日本開始顯現出多買家社會最積極的效果，普通國民開始有機會在經濟上大展拳腳，大批優質企業嶄露頭角，新的企業集團開始出現。

除此之外，麥克亞瑟還不遺餘力地推行土地改革。

戰前日本的土地制度是寄生地主制，約有一半耕地集中在少數地主手裡，他們依靠收取地租即可活得自在逍遙，而廣大農民則生活困頓。麥克亞瑟稱這種不平等的所有制為實質上的奴隸制，造成生產力水準低下，嚴重阻礙了日本的發展，這一切必須改變。

1946 年 6 月，麥克亞瑟向日本政府提出自己的土改方案，由國家徵購地主的全部出租土地，然後以分期付款方式轉賣給佃農；在村地主保有的土地為 1 町步（約合 0.4 英畝），超過部分也由國家收購；每一農戶的自耕地不超過 3 町步；殘存出租地的地租改為貨幣支付。

這場改革，堪稱戰後日本最成功的改革。到 1950 年，共有約 500 萬英畝的土地被徵購，475 萬餘戶佃農（相當於農戶總數的 75%）買到了土地，85% 以上的可耕地轉到自耕農手中。

這無疑大大提升了日本農民的積極性，解開了束縛日本農業發展的枷鎖，開闢了全新的發展道路。

政治與經濟上給了國民自主權，麥克亞瑟還注重打破過敏的思想束縛。他從教育著手，培養新一代擺脫君主專制和軍國

主義影響、具有自由思想的新國民。

「二戰」結束之前的日本，政府對學校實行集中控制，教科書中充滿了對天皇的崇拜、軍國主義和極端民族主義，其目的在於嚴格控制對青少年的培養，使之成為沒有思想和人格的、絕對服從天皇意志和國家政策的工具。

麥克亞瑟在佔領之初即提出「實行學校教育自由化、以培養民主國家國民為宗旨」的進步的教育制度，以改變日本人的性格與志趣，造就嚮往自由與和平、具有獨立人格的新一代人。為此，他特地要求華盛頓派教育使團來日本，對日本教育的歷史與現狀進行了考察。美國教育使團向麥克亞瑟提交的一份報告書指出，日本教育的改革方向是尊重人權和機會均等，培養具有多樣性、自發性和創造性的人。為此，它提出要大幅削減文部省的行政管理權，由監督行政改為指導行政；設立地方教育委員會，以實行徹底的地方教育分權化；實行單軌制教育，使人人都有上大學的權利。

在麥克亞瑟的支持下，日本頒佈新教育法，徹底廢除了戰前極端民族主義的、天皇至上的教育敕語思想體系，樹立了以美國為樣板的、以尊重個人價值和尊嚴為前提的、旨在培養充滿獨立自主精神的和平愛好者與社會建設者的自由教育思想體系。日本學生第一次享受到以開發智力為主要目的的教育，它完全改變了日本青少年的性格與志趣，打破了一買家社會的思想枷鎖。

日本的兩次崛起，對於同為東方國家的中國來說有很大的啟示作用。為何中國的戊戌變法失敗，而明治維新卻成功了

呢？在不過短短的百餘年間，日本就實現了兩次快速崛起，沒有任何地緣優勢的日本是如何做到的呢？這是個很值得思考與探討的話題。

日本的江戶在德川末期已經是百萬人口級的大城市，而各地的城市化也在不斷發展。低效的社會體制幾乎無法養活如此之眾的城市人口。在「活下去」的渴求之中，變革的願望變得異常強烈。城市化與農業國的落差，既是日本快速轉型的基礎，也是迫使日本社會變革的內在壓力。而晚清中國的城市化與商業化程度在當時並不如日本，農業人口仍佔據人口的絕大多數，這也使得中國的變革訴求遠不如日本強烈。

日本一買家社會持續不過百年左右，根基不深，邁向多買家社會的阻力也相對要小得多。持續兩千餘年一買家社會的中國，從上到下都存在著極大的變革阻力，不像日本有強烈的社會內部訴求，能比較容易地形成變革合力。直到二十世紀八十年代，經過一百多年的嘗試與革新，中國才逐步走向多買家社會。

另一個因素在於中國對於外來文明的接受程度與日本截然不同。日本是小船，中國是巨艦，小船轉身快，巨艦掉頭難。《全球通史》中談及日本時說：「可以說日本人離大陸非常近，足以從偉大的中國文明中得到益處；但又可以說非常遠，可以隨意選擇和拒絕。」日本對於當時西方先進文明的接受更多地基於這種現實主義、拿來主義的心理，而中國作為數千年獨立發展的文明大國，其民族的心理狀態和歷史慣性，都決定了中國不會如此快速地全盤接受其他先進文明經驗，更何況還

有以戰爭方式打開國門的慘痛經歷。

我們可以從日本的飛速進步中得到有益的思考與啟迪。

在 1951 年 4 月麥克亞瑟被解職時，時任首相的吉田茂在向全國發表的廣播講話中高度稱讚了麥克亞瑟。吉田茂說：麥克亞瑟將軍為我國利益所做的貢獻是歷史上的一個奇蹟，是他把我國從投降後的混亂凋敝的境地中拯救了出來，並把它引上了恢復和重建的道路，是他使民主精神在我國社會的各個方面牢牢紮根。

這話並非過譽。麥克亞瑟回國時，他除少數日本高官外沒有通知任何人。但當他坐上汽車時才發現，從他下榻的官邸直到厚木機場，上百萬日本人自發地站在街道兩旁為他送行。當車隊經過時，日本人不停呼喊「大元帥」來表達他們對麥克亞瑟的敬仰。

麥克亞瑟得到的尊崇與榮耀遠遠超過「黑船來航」時的美軍統帥佩里。麥克亞瑟之所以能得到了絕大部分國民的支持與擁戴，原因在於他解決了日本的種種難題。戰後日本缺乏糧食，遇到了嚴重的匱乏危機。他敦促糧食源源不斷地運到日本，這些糧食幾乎占了日本居民全部配給量的 80% 以上，使日本國民度過了這段最艱難的時期。然而，最讓日本人感念的，還是他解開了國家與國民發展的層層束縛，壯大了日本原來的經濟結構，讓日本從此邁入了多買家社會的高速發展期，從一片廢墟中建成了世界第二大經濟體。

4. 全球第二：有史以來的新高度

麥克亞瑟對日本的改造造就了一個蓬勃發展的新日本。從1956年後，日本經濟開始急速增長，開啟了持續十多年的四個景氣時代[49]：1954年到1957年的神武景氣，1958年到1961年的岩戶景氣，1962年到1964年的奧林匹克景氣，1965年到1970年的伊奘諾景氣。

神武景氣在1954年年末到來，日本出現了第一次經濟發展高潮。這一時期出現了設備投資的熱潮。企業積極進行設備投資，進一步加速了經濟的高速增長，而高速增長又進一步引起新的設備投資，形成了相互促進的發展態勢。

1955年，工礦業生產水準比戰前水準高出90%，農業生產也高出戰前水準。繁榮局面一直持續到1957年6月，景氣時間長達31個月，這段時期內日本國民生產總值年平均增長達到了7.8%。日本人把這個神話般的繁榮，稱為「神武景氣」。「神武」取自日本神話傳說中的第一位人間天皇的名號，日本人用它命名了這次經濟繁榮。

1958年7月起的岩戶景氣，持續到1961年12月結束，時間長達42個月。「岩戶」二字來自日本古代傳說中的「天之岩戶」。天照大神推開天門（由岩石砌成，稱「岩戶」）降臨人間，從此開創了日本國。這一時期內，日本開始大量生產汽車、電視及半導體收音機等家用電器，鋼鐵取代紡織品成為主要出口物資，出現了第二次經濟發展高潮。

---

49. 楊春廷：《戰後日本景氣迴圈及當前經濟復蘇的特點》，《現代日本經濟》1996年第06期。

1964 年的夏季奧林匹克運動會在東京舉辦，日本開啟了第三次景氣時代——奧林匹克景氣。奧運會使日本大大加快了交通運輸網路和體育設施的建設，交通網將東京首都圈的範圍進一步擴大，東海道新幹線和首都高速道路都在這一時期建成。許多民眾為了收看奧運比賽而購買了電視機，房地產市場也因為奧運蓬勃發展。日本為了東京奧運的直接場館投資為 295 億日元；間接投資（公路、地下鐵等交通建設、上下水道鋪建等）高達 9600 億日元。

　　奧運過後，基礎設施建設停滯，建築業蕭條，電視機等生活用品的需求也飽和，到 1964 年年底，日本經濟開始出現短暫的不景氣。沒過多久，日本就迎來了最長的一次景氣時期——伊奘諾景氣，從 1965 年到 1970 年期間連續五年的經濟景氣擴張。

　　這被認為是「二戰」之後日本時間最長的經濟擴張週期之一。這期間私家車和彩色電視快速普及。日本國民收入水準快速提高。當時所謂的 3C（新三寶）——汽車（car），空調（cooler），彩色電視機（color television）快速普及，日本的民間投資與生產進入了長達 5 年的高速擴張期。日本經濟躍居世界第二。

　　隨著四大景氣而來的是日本持續暢銷世界的工業品，日本汽車在美國本土甚至直接威脅到了福特等老牌車商，這讓當時世界第一的美國都感到如芒在背。據統計，1960～1970年，日本的工業生產年均增長16%，國民生產總值年平均增長

11.3%。1968年，日本的國民生產總值超過聯邦德國，成為僅次於美國的西方世界第二號經濟大國。1986年，日本的黃金儲備達到421億美元，位居世界第二；1987年，日本的外匯儲備超過聯邦德國，居世界首位，1988年，日本的人均收入達1.9萬美元，超過同期美國的1.8萬美元。1988年，根據權威的美國《商業週報》統計，世界排名前30名的大公司中，日本占了22家。

1995年日本GDP達5.33萬億美元，位居世界第二，占全球總GDP的17.4%！雖然這一年的GDP有貨幣價值高估的因素，但日本以全球五十分之一的人口，實現了全球超過六分之一的GDP，可以說是前無古人後無來者的經濟奇觀。這也讓人不能不感歎麥克亞瑟的社會改造給日本帶來的巨大發展潛能。

第十章‧以神之名：
阿拉伯半島上的沙漠颶風

回望歷史的煙塵，我們可以發現，很多時候都是戰爭改變了歷史的走向。兩個強勢文明之間的戰爭，對歷史進程的影響可以說是極為宏闊和深遠的。如同地球板塊之間的劇烈碰撞會形成巨大山脈與高原一樣，兩個強大文明之間的碰撞——如希臘與波斯的希波戰爭、羅馬與迦太基的布匿戰爭——也都深刻地改變了文明和歷史的進程，重塑了全球文明的大格局。

我們今天的故事，也將從兩個強勢文明——大唐與大食在它們的邊緣地帶展開的一場遭遇戰講起，這就是中亞地區的怛羅斯之戰。

這是一場在歷史上似乎並不起眼的戰爭，對兩個國家而言，只是帝國邊緣地帶的一次衝突而已。但就是這樣一場戰爭，卻體現了兩種文明形態和兩種治理體系的直觀對比——最終，「神」的軍隊贏得了皇帝的軍隊，從而改變了整個中亞地區文明發展的走向。

1. 怛羅斯遭遇戰——唐與大食的中亞之爭

大唐天寶十年六月（西元 751 年），西域石國的怛羅斯河

谷。

在河的兩岸，駐紮著兩支綿延數里的大軍，雙方的軍旗在中亞腹地的凜冽寒風中獵獵作響[50]。

對陣的一方是來自新興勢力——阿拔斯王朝的遠征軍。阿拔斯王朝在怛羅斯之戰前一年（西元 750 年）才建立，被唐人稱為「黑衣大食」。他們的軍隊僅僅在一年之間就攻城掠地，將勢力範圍從中東擴張到中亞，與強大的唐兵正面相接。

而另一方則是駐守西域的大唐軍隊——安西軍。安西軍隸屬於唐王朝安西大都護府，在當時的西域可謂戰功赫赫、所向披靡。詩聖杜甫在他的《觀安西兵過赴關中待命二首》中這樣描寫安西軍：「奇兵不在眾，萬馬救中原。談笑無河北，心肝奉至尊。孤雲隨殺氣，飛鳥避轅門。竟日留歡樂，城池未覺喧。」在杜甫的眼裡，安西軍軍容嚴整、秋毫無犯，堪稱大唐軍人的楷模典範。

統領這支安西軍的是久負盛名的大唐名將高仙芝，他來到這裡，是為了追擊他眼中的叛軍首領——石國王子。

在當時，位於西域的石國是一個盛產寶石、玉、黃金、駱駝、名馬的地方。天寶九年十二月，高仙芝以石國國王「無藩臣禮」為由出兵討伐。但實情卻並非如此。據《冊府元龜》記載，石國對唐朝的朝貢一直都沒有間斷。天寶二年至八年，石國四次向唐廷進貢：天寶二年遣女婿獻方物；天寶五年和六年遣使獻駿馬；天寶八年又派王太子入關朝觀。由此可見，高仙芝的討伐理

---

50. 李方：《怛羅斯之戰與唐朝西域政策》，《中國邊疆史地研究》2006 年第 01 期。

由其實站不住腳，根據當時的情況推測，最大的可能是他想要搶奪石國的財寶。

石國國王求和，高仙芝答應了，但在隨後卻劫掠了石國都城，並將國王「俘以獻，斬闕下」，殺死了石國國王。同時，他還擊破了突騎施，俘虜了突騎施可汗。

按現在的話來說，高仙芝是有點「不講武德」了。如《資治通鑑》所說：「仙芝性貪，掠得瑟瑟十餘斛，黃金五六橐駝，其餘口馬雜貨稱是，皆入其家。」石國王子逃到中亞諸國，告訴他們事情的真相，諸國的國王都很生氣，於是偷偷與大食聯繫，一起進攻唐朝。高仙芝先發制人，主動發起進攻。他率領大唐聯軍長途奔襲，自今天的阿克蘇出發經勃達嶺（今天山南脈的別迭里山口）長驅直入到達碎葉（唐朝最西端的軍事重鎮，今楚河流域的托克馬克），與拔汗那、突厥葛羅祿部及其他西域國家的數萬扈從國軍合兵一處，殺奔包括石國在內的「昭武九姓」所在的粟特，最後在怛羅斯與大食軍隊遭遇。

高仙芝所領的軍隊是大唐最精銳的步兵——長刀步兵，在當時的西域威名遠播。長刀即陌刀，是一種兩刃刀。《唐六典》卷十六中說：「刀之式有四：一曰儀刀、二曰障刀、三曰橫刀、四曰陌刀……陌刀，長刀也，步兵所持，蓋古之斷馬劍。」陌刀刀柄很長，極為鋒利，號稱「斷馬劍」，是對付騎兵的利器。高仙芝麾下名將李嗣業就是使陌刀的好手，他在天寶初年應募安西大都護府，為大唐征戰西域。身高臂長、膂力過人的李嗣業在征戰中很快脫穎而出，成為赫赫有名的陌刀將。

高仙芝對他的安西軍有著近乎驕傲的自信。對手黑衣大食軍隊從人數上來說，比唐軍及其扈從軍隊更多。唐軍在西域的嫡系兵力總共才兩萬餘人，此次出征的僅有萬餘人，加上扈從軍隊，總兵力也不過七萬人左右，而對方派出了十萬大軍。但唐軍憑藉其精銳的長刀步兵，在中亞腹地常年以少勝多、未嘗一敗，因此高仙芝對人數力量的懸殊對比也並不是很在乎。

然而驕兵必敗，高仙芝並未看清楚這個新對手的強大之處，也沒有意識到這一戰中潛伏的巨大危機。

黑衣大食，也即阿拔斯王朝，源自阿拉伯帝國的「阿拔斯革命」，由興起於伊朗東部緊鄰中亞的呼羅珊地區的阿拔斯教派創立。他們高舉先知的黑旗，迅速推翻了伍麥葉王朝（白衣大食），於西元 750 年建立了將阿拔斯王朝（黑衣大食）。參與怛羅斯之戰的這支黑衣大食軍隊就是由呼羅珊總督阿布 · 穆斯林的副將齊亞德 · 伊本 · 薩赫里所率領的。

激戰開始了。

很快，高仙芝就發現對手並非泛泛之輩。阿拔斯王朝雖然立國才不過一年，但其軍隊凝聚力極強，絕非一衝就散的烏合之眾。高仙芝的長刀步兵鋒銳無比，卻也始終未能撕開對方的防線，雙方陷入了艱苦的相持與拉鋸。

戰鬥一直持續了五天。在第五天的時候，力戰的唐番聯軍卻出現了未曾預料的危機。參戰的葛羅祿部忽然臨陣倒戈，均勢被徹底打破——高仙芝之前在西域的一些作為最終結出了惡果。唐軍的側翼遭到了葛羅祿部的猛烈衝擊，陣腳大亂，死傷

慘重，無法再抵禦對方的合力攻擊。這場戰役的走勢再也無法逆轉，唐王朝在中亞的無敵軍隊第一次遭遇到了慘敗，只有數千人得以東越天山退回安西。

恒羅斯之戰是當時世界上最強大的兩大帝國之間的一次直接對戰，在文明史上無疑具有相當的意義。雖然戰敗之後，唐國並未在西域一蹶不振，依然保持著對中亞的強大影響力，但不可否認的是，這一戰無疑成了唐王朝與阿拔斯王朝在中亞影響力和統治力此消彼長的開始，再加上數年後「安史之亂」爆發，更是進一步加強了阿拉伯帝國對中亞的影響力，唐朝的軍隊漸次退出中亞。

為什麼僅僅一年的阿拔斯王朝能夠在這場戰役中擊敗強大的唐軍，這是一個值得我們深思的問題。事實上，雖然阿拔斯王朝僅僅立國一年，但它是承襲倭馬亞王朝而來。這兩大王朝和之前的四大哈里發時期一起，都被統稱為阿拉伯帝國。

阿拉伯帝國由伊斯蘭教而起。正如恒羅斯之戰中的那樣，「神」的軍隊都打敗了皇帝的軍隊——阿拉伯帝國的統帥們引領信奉伊斯蘭教的教徒們擊敗了從中東到中亞一個又一個強大的王國，讓帝國的影響力深深烙印在世界文明發展史中。

2. 希拉山上的「神示」：伊斯蘭教的興起與傳播

阿拉伯帝國的崛起，與發生在聖城麥加附近希拉山的山洞中的一次「神示」有莫大的關聯[51]。

---

51. 金宜久：《伊斯蘭教史》鳳凰出版傳媒集團，江蘇人民出版社，2006 年。

在西元七世紀之前的阿拉伯半島上，廣袤的沙漠中只有三座比較重要的城市：麥加、麥迪那和塔伊夫。從 6 世紀後半葉開始，由於埃及的混亂以及拜占庭和波斯之間的連年戰爭，使得原先的波斯灣—紅海—尼羅河的商路無法通行，商人們改走更為安全的、通過阿拉伯半島的陸路。麥加地處這個商路中段，東到波斯灣，西至紅海，北往敘利亞，南通葉門，其交通樞紐的地理位置使聖地麥加成為一座繁榮的商業城市。

「麥加」的名稱來源於南阿拉伯語，意為「聖地」。麥加地處商路的交叉口上，有一眼水源潺潺的聖泉和古老的聖寺克爾白。在麥加居住的是古萊什部落。麥加的古萊什人大約包括 20 個氏族，「聖寺周圍的古萊什人」，也即「內部古萊什人」，是氏族的核心，其他氏族叫「外部古萊什人」。在麥加的周圍，還有一些結盟或者依附的貝都因部落，他們被叫為「古萊什阿拉伯人」。

麥加的聖寺克爾白是部落統一的象徵，部落議事會就設在這裡，各氏族的聖石也都供奉在寺內。隨著麥加的繁榮和集市的興盛，克爾白逐漸接納越來越多的其他部落神靈，麥加也成為許多部落的祭祀和聚會的地點。然而，隨著商業貿易的發展，對財富利益的日益看重讓貴族們拒絕履行一些有損利益的傳統義務，麥加的社會矛盾也日益突出。

被後人譽為「先知」的穆罕默德就出生在麥加古萊什部落的雜湊姆家族。「雜湊姆」的意思是「掰開麵餅的人」，這個名字的由來是因為某一年麥加大旱，雜湊姆拿出自己的食物賑

濟災民。穆罕默德的先祖曾擁有掌管麥加克爾白祭祀、召集古萊什部落議事會議等權力。

穆罕默德全名艾布·凱西姆·穆罕默德·本·阿卜杜拉·本·阿卜杜勒·穆塔里布·本·雜湊姆，他是個遺腹子，父親阿卜杜拉在他出生前歿於經商途中。穆罕默德沒有兄弟姐妹，六歲時母親病故，由祖父阿卜杜勒·穆塔里布承擔起撫育職責。兩年後，穆罕默德八歲時祖父去世，他由伯父艾布·塔利卜養育。十二歲時穆罕默德跟隨伯父所在的商隊，到敘利亞、巴勒斯坦和地中海東岸一帶經商，對阿拉伯半島和敘利亞地區的社會和宗教狀況都有了很深入的瞭解。

穆罕默德為人誠實，辦事公道，而且樂善好施，贏得人們的讚譽和信任，被譽為「艾敏」（即忠實可靠者）。他在 25 歲時，受雇於麥加諾法勒族富孀赫蒂徹，為她經辦商務，並帶領商隊到敘利亞一帶經商。西元 596 年，穆罕默德和赫蒂徹結婚。從此，他的生活走向富裕、安定，社會威望也日益提高。

西元 610 年的一天，40 歲的穆罕默德在麥加城郊希拉山的山洞潛修冥想。此後，他宣稱真主派天使吉卜利勒向他傳達「啟示」並使他「受命為聖」。伊斯蘭教由此創立，而接受了真主給予「使命」的穆罕默德，開始了歷時 23 年的傳教活動。

穆罕默德起初在麥加秘密傳教，一些至親密友成為最早的信奉者。612 年，穆罕默德開始公開在麥加傳教。穆罕默德宣稱真主是宇宙萬物的創造者，是唯一的主宰，要求人們信奉獨一無二的真主。他告誡人們放棄多神信仰和偶像崇拜，譴責多

神信仰給阿拉伯人帶來的愚昧和社會道德的墮落，宣講末日審判和死後復活的觀念，警告多神教徒如不歸順真主，將在末日審判時遭到懲罰，墮入火獄，歸順真主者將在後世得到獎賞，進入天園。他還提出凡穆斯林不分氏族部落，皆為兄弟，應聯合起來，消除仇殺，並提出禁止高利貸盤剝，行善施捨賑濟貧弱孤寡和善待、釋放奴隸等一系列社會改革的主張，受到廣大下層群眾的擁護，許多人紛紛歸信伊斯蘭教。

622 年 9 月，穆罕默德同麥加穆斯林遷徙麥迪那，標誌著伊斯蘭教新的發展階段。穆罕默德領導穆斯林進行了政治、經濟、宗教等一系列改革，奠定了伊斯蘭政教合一的根基。

在穆罕默德改革之後，僅僅數年時間，穆罕默德的伊斯蘭信眾飛速擴大，實力也大為增強。他率領新生的伊斯蘭軍隊凝聚力和戰鬥力都很強，屢敗強敵，多次創造以少勝多的戰例。630 年，穆罕默德以麥加貴族違背協議為由，率領穆斯林軍隊，進逼麥加城下，以艾布‧蘇富揚為首的麥加貴族被迫請降，接受伊斯蘭教，承認穆罕默德的先知地位，麥加全城居民宣佈歸信伊斯蘭教。

631 年年末，穆罕默德一統阿拉伯半島，各部落相繼歸信伊斯蘭教，承認穆罕默德的領袖地位。632 年，穆罕默德率 10 萬穆斯林在麥加進行了一次經過改革的朝覲，史稱「辭別朝覲」。穆罕默德親自確立了朝覲的一系列儀典，成為爾後穆斯林朝覲所遵循的範例。他發表了辭朝演說，以真主「啟示」的名義，宣佈伊斯蘭教創傳的勝利，強調穆斯林之間團結和統一

的重要性。

　　穆罕默德對於整個阿拉伯乃至於整個世界的影響都是極為巨大而深遠的。而這些，都源自穆罕默德所接收的一次「神示」，以及他對於阿拉伯社會的改造——正是這種改造，使得原本一盤散沙的阿拉伯部族社會一躍進入了神權一買家社會，開啟了文明飛速發展的視窗。

3. 麥迪那憲章：神權下的一買家社會

　　穆罕默德是人類史上最偉大的三大社會變革家之一。他將阿拉伯這個沙漠中鬆散的無買家社會凝聚成一個具有強悍戰力的「神權一買家」大帝國，真正做到了「聚沙成塔」。

　　阿拉伯人把伊斯蘭教興起前的時代叫作「蒙昧時代」，用來特指阿拉伯人沒有天命、先知和天啟經典的時期，以示同伊斯蘭時代的區別。

　　當時的阿拉伯半島分為南北兩個部分。南部阿拉伯因為土地肥沃、雨量充沛而有「阿拉伯福地」之稱，是著名的香料產地和商品轉運中心。

　　關於北部阿拉伯的歷史資料非常匱乏，古代埃及、亞述、波斯以及《希伯來聖經》中都提到過中部和北部的阿拉伯遊牧民，主要是希賈茲和納季德的阿拉伯人，大多數是過遊牧生活的貝都因人。他們與南阿拉伯人不同，沒有自己的古代文化，也從未建立過統一的國家，長期停滯於氏族社會中。北阿拉伯

的文明火種來自南部阿拉伯人的大批北遷，歷史上敘利亞和北阿拉伯的加薩尼王朝、萊赫米王朝、肯德王朝都是南部阿拉伯人部落建立。

「蒙昧時代」的狀況，實際上更多的是指北阿拉伯。但無論是南阿拉伯還是北阿拉伯，他們都是遊牧部落或遊牧王國，本質上還是貴族把持政治和經濟權柄，是典型的無買家社會，平民百姓想要出人頭地，幾乎毫無可能。

由於資源匱乏，遊牧部落之間的爭奪非常激烈。在伊斯蘭教傳播前的 100 多年，阿拉伯人處於連綿不斷的部落戰爭之中。這一時期在阿拉伯詩歌中被叫作「阿拉伯人的日子」，即部落戰爭時期。在「阿拉伯人的日子」裡，各部落為爭奪牲畜和水源而引發爭端，有跡可循的大大小小的爭鬥就有 1700 多次。最早、最有名的部落戰爭是「白蘇斯戰爭」，起因是台格利卜部落酋長射傷伯克爾部落的一隻母駱駝，雙方戰爭延續 40 年。還有一次著名戰爭是菲賈爾戰爭（西元 575~590 年），戰爭發生在禁月期間，所以又叫「違禁的戰爭」。戰爭的一方是麥加的古來氏人、克那奈人，另一方是海瓦精人，據說當時時年十四歲的穆罕默德就參加過其中一次戰役。

這些部落之間的小打小鬧顯然不被像波斯這樣的強大王朝放在眼裡。即使是建立起了遊牧政權，也不過是一些不太重要的附庸。比如五世紀初在位的萊赫米王朝「獨眼龍」努爾曼一世，就為波斯王子巴赫拉姆修建了赫維爾奈格城堡。而像波斯這樣的強大王朝也基本上沒有太多興趣來爭奪阿拉伯半島這片

貧瘠之地。

只不過，在穆罕默德的變革過後一切都改變了。

在麥迪那，穆罕默德制定了改寫阿拉伯文明史的文件——《麥迪那憲章》。《麥迪那憲章》全稱為《麥迪那憲章——穆罕默德代表遷士和輔士與猶太人之盟約書》（從麥加遷移到麥迪那的穆斯林被稱為遷士，而麥迪那的穆斯林則被稱為輔士），以伊斯蘭教共同信仰代替部落血緣關係，建立了以「烏瑪」（意為「民族」「社群」）為形式的政教合一的政權，穆罕默德成為麥迪那宗教、政治、軍事和司法的最高領袖，並由艾布・伯克爾、歐麥爾、奧斯曼、阿里及部分著名的「聖門弟子」組成領導集團。

穆罕默德以真主「啟示」的名義，完成了伊斯蘭教義體系及各項制度的創建。他創建了伊斯蘭教教義、教制體系，確立了以信奉獨一的安拉為核心的信仰綱領；規定了穆斯林必須履行的五項天命功課；根據麥迪那國家政治、經濟、軍事發展的需要，作出了有關民事、刑事、商事、軍事等方面的法律規定。在婚姻家庭制度上，確立了男女雙方自願選擇的原則；禁止血親和近親結婚，限制男子的休妻權；允許寡婦守限期滿可以改嫁。在財產繼承制度上，改革了以前僅父系男性有繼承權的傳統習慣，使婦女也享有財產繼承權。在商事活動中，規定禁止利息，反對高利貸盤剝，並規定了一系列商事交易的準則和道德規範。制定了刑事犯罪的刑律。確立了以止惡揚善及順從、忍耐、誠實、公正為核心的行為規範和社會道德準則[52]。

52. 牟鐘鑒主編：《宗教與民族（第六輯）》，北京：宗教文化出版社，2009年。

總的來說，《麥迪那憲章》的內容包括兩部分。對外，強調平等，通過法律的形式，肯定少數民族的信仰自由，「猶太人及其支持者可以保持自身的宗教信仰，穆斯林也有自己的宗教信仰。」[53]。對內，確定了穆斯林社會的基本典章制度，號召信徒們效忠於安拉，並許諾他們可通過征戰獲取財富。這給了早期穆斯林戰士們極大的鼓舞。

　　比物質獎賞更能激勵鬥志的是教義之中所說的，死後可以進入「天堂」的美好願景。《古蘭經》中的天堂有七層，最高層的天堂即稱作「天堂」。天堂居住地十分宜人，有美麗的空中花園、林蔭山谷、清涼甘泉和珍禽異獸；河流裡流淌著水、乳、蜜與酒，美味水果應有盡有，有金銀、珍珠以及其他名貴建材打造的宮殿[54]。天堂是先知、殉教者與最誠實的虔敬者的歸宿。如果忠誠於真主、為真主而戰，死後就能進入天堂。這種強大的心理動能讓穆斯林視死如歸，成為當時世界上最勇猛的戰士。

　　在「為真主之道而戰」的口號號召下，西元 624 年到 627 年，領導穆斯林武裝同麥加貴族進行了著名的白德爾之戰、吳侯德之戰和壕溝之戰三大戰役，沉重打擊了麥加的舊貴族。628 年，穆罕默德以朝覲為由，率軍至麥加近郊，麥加貴族被迫妥協，同穆罕默德簽訂《侯德比耶和約》，承認穆罕默德為先知，接受伊斯蘭信仰，同時休戰 10 年。穆罕默德利用休戰

---

53. 馬海成：《從〈麥迪那憲章〉看伊斯蘭教 "求同存異" 的包容精神》，《中國穆斯林》2011 年第 01 期。
54.《古蘭經》中國社會科學出版社，1981 年。

時機，向鄰國和半島上的阿拉伯部落派出使節，向他們傳播伊斯蘭教義。

穆罕默德於西元 632 年 6 月 8 日與世長辭，享年 63 歲，安葬於麥迪那「先知清真寺」內。穆罕默德的言行錄——聖訓，成為信仰、行教、立法和社會生活的準則。但他所創立的伊斯蘭信仰和政教合一體系，創造了阿拉伯伊斯蘭文明的輝煌。

4. 來自沙漠的征服者：滴血的圓月彎刀

穆罕默德在短短數年間就統一了阿拉伯半島，一個強大的政教合一國家初露雛形。在他之後，阿拉伯帝國的版圖不斷擴大，甚至將地中海變成了帝國的「內海」。

穆罕默德去世之後，阿布・伯克爾、歐麥爾・伊本・哈塔蔔、奧斯曼・伊本・阿凡、阿里・伊本・艾比・塔利卜先後成為哈里發，史稱「四大哈里發時期」，其後是倭馬亞王朝（唐代稱白衣大食）和阿拔斯王朝（唐代稱黑衣大食）。

為了滿足阿拉伯人對商路和土地的要求，從四大哈里發開始，原本散落在沙漠中的各個遊牧部落開始團結在一起，開始了征服世界的戰爭，阿拉伯帝國開始了長達一百多年的擴張運動。

阿拉伯人以驚人的速度崛起。阿拉伯人的圓月彎刀和鐵騎所到之處，幾乎是戰無不勝、所向披靡。在長達一百多年的征戰中，阿拉伯帝國的版圖不斷擴張，疆域空前廣闊。通過血與

火的戰爭，他們建立了一個地跨亞、歐、非三洲的龐大帝國。

　　第一位哈里發伯克爾在鎮壓了內部反對勢力後，隨即向敘利亞方面發動了戰爭，並取得巨大成功。第二任哈里發歐麥爾發動了阿拉伯歷史上空前的大征服運動。635年，哈里發的軍隊同時對拜占庭和波斯帝國展開了進攻。被稱作「安拉之劍」的哈利德將軍，率領阿拉伯人迅速通過人跡罕至的敘利亞沙漠，在雅穆克河畔一舉殲滅了拜占庭5萬大軍，佔領了敘利亞首府大馬士革。哈里發軍隊的接連勝利，迫使被圍困兩年的耶路撒冷於638年請降歸順。面對阿拉伯人猛烈的攻擊，拜占庭帝國的皇帝悲哀說道：「敘利亞，如此美好的錦繡河山，還是歸於敵人了！」佔領敘利亞後，4萬阿拉伯鐵騎乘勝揮師東進。637年，哈里發的軍隊佔領了伊拉克，並向波斯腹地不斷推進，最終於642年徹底擊敗了波斯軍隊，征服了已有四千多年歷史的波斯帝國。與此同時，西征大軍也捷報頻傳。640年阿拉伯人攻入埃及，在科普特人的支持下獲得了一個接一個的勝利。642年，哈里發成為亞歷山大的主人，整個埃及納入阿拉伯帝國的版圖。第三任哈里發奧斯曼繼續進行擴張戰爭，在他的統治時期，阿拉伯帝國的鐵騎先後征服亞洲的呼羅珊、亞美尼亞、亞塞拜然以及非洲的利比亞等地區。為了進一步控制地中海，奧斯曼徵集小亞細亞沿岸居民，建立了一支強大的海軍。

　　阿拉伯帝國的最初四任哈里發是經統治集團選舉產生的。但是第四任哈里發穆阿維葉卻利用權勢立自己的兒子為繼

承人，從此建立倭馬亞王朝開始了哈里發世襲制。

倭馬亞王朝時期，阿拉伯帝國的擴張仍在繼續。阿拉伯人於 664 年佔領阿富汗地區，然後分作兩路，北路軍侵入中亞，一路所向披靡，直到在帕米爾遇到中國軍隊才停下腳步。南路軍攻入印度河流域，征服了印度次大陸西北部的大小邦國。在北方，阿拉伯帝國的兵鋒三次指向君士坦丁堡，由於拜占庭帝國的頑強抵抗，阿拉伯人遭遇了慘重的失敗，哈里發征服拜占庭的野心終究未能實現。在西方，阿拉伯人消滅了拜占庭帝國在非洲北部最後的駐軍，佔領從突尼斯直到摩洛哥的廣袤土地。阿拉伯帝國使非洲的柏柏爾人歸依了伊斯蘭教，並以他們為主力組成軍隊，跨越直布羅陀海峽進攻西班牙，征服了西哥特王國。732 年，哈里發的軍隊穿越比利牛斯山，進攻法蘭克王國，在普瓦提埃附近被法蘭克人擊敗。至此，阿拉伯帝國的大規模征服運動終於落下帷幕。

百餘年的南征北戰成果輝煌。阿拉伯帝國從穆罕默德建立之初，只是阿拉伯半島上一個不起眼的小國。哈里發率領穆斯林軍隊以迅雷不及掩耳之勢，橫掃歐亞非，建立了龐大的盛極一時的阿拉伯帝國——東起印度河和帕米爾高原，西至大西洋的加那利群島，南至蘇丹，北到西伯利亞烏拉爾河下游南緣，其全盛時期版圖面積超過 1300 萬平方公里。可以這麼說，當時的地球上除了東方的大唐帝國，幾乎找不到可以與之匹敵的對手。阿拉伯帝國的瘋狂擴張，不僅使得其領土大大增加，也使得伊斯蘭教和伊斯蘭文化在征服地內廣泛傳播。

阿拉伯帝國的擴張戰爭中罕逢敵手。無論是古老的拜占庭帝國、波斯帝國，還是那些新興起來的小國，都不是阿拉伯人的對手。

　　正是穆罕默德對阿拉伯社會的成功改造，成就了一支強悍的軍隊和疆域廣闊的強大帝國。

第十一章・印度象：二十一世紀的新巨獸

印度，像謎一樣，是一個神秘的國家。

印度有著非常悠久的歷史，世界文化遺產眾多，所流傳下來的宗教信仰也多種多樣。印度是佛教、印度教、錫克教、耆那教的誕生地，信奉伊斯蘭教、基督教的信眾也為數眾多，甚至連在世界其他地方包括起源地都已經絕跡的波斯祆教至今在印度都還有人信奉。

印度擁有一百多個民族，人種複雜，據稱各種語言或方言的種類超過19500種，就連官方語言都有22種，這遠遠超過了其他任何國家，堪稱是世界上民族和語言最複雜的國家。印度的人口數量超過十三億，數量和人口最多的中國相差不遠，但印度的國土面積卻僅有兩百餘萬平方公里，和人口只有印度1/30的阿根廷差不多。

這些都顯現出了印度在世界上獨一無二的特性，它被稱為世界人種博物館、語言博物館和宗教博物館，社會、文化、種族等的構成複雜程度舉世無雙。

這樣一個古老的國家在邁入現代之後，所發生的變化也讓人矚目。

1. 資訊時代的印度

世界銀行集團（WBG）的資料顯示，雖然受到新型冠狀病毒的影響，印度 2020 年的 GDP 總量仍然達到了 2.66 萬億美元，超過法國、略遜於英國，位列全球第六大經濟體。2021年，隨著新冠疫情管控措施的放鬆，印度的經濟快速恢復，有望實現同比兩位數的增長。因此，國際貨幣基金組織（IMF）在最新報告中說，印度是世界上增長最快的經濟體之一，並樂觀地預計，其 2022 財年和 2023 財年的增長率可以分別達到9.5% 和 8.5%[55]。

憑藉著勞動力人口的優勢，印度在世界經濟體系中扮演著越來越重要的角色，GDP 全球排名也迅速提升。進入 21 世紀後，印度經濟取得了舉世矚目的成績，自從 20 世紀 90 年代印度改革以來，印度一直是世界上經濟增長速度最快的國家之一。

英國是印度的前宗主國。印度經濟超越英國，成為世界上前殖民GDP首次超越前宗主國的國家。這是在歷史上從來都沒有發生過的事，後發國家經濟反超先進國家，是一個重大事件，具有標誌性的意義。

1980 年，印度的經濟僅為 1894 億美元，全球排名為世界第 13 位，當時英國 GDP 為 5649 億美元，是印度的 3 倍左右。到了 2019 年，英國的名義 GDP 為 2.74 萬億美元，比印度少了整整 2000 億，光是差額就超過了 1980 年時候的印度 GDP

---

55. 本報記者 路虹：《印度經濟復蘇曲折前行》，《國際商報》2021 年 11 月 25 日。

總額。

到 2019 年，還有 4 個經濟大國排在印度前面，它們分別是美國、中國、德國、日本。這四個大國中，德國的名義 GDP 是 3.86 萬億美元，在 1980 年的時候，德國的 GDP 是印度的四倍多，而到 2019 年印度的 GDP 已經相當於德國的 75% 了。按照目前印度的人口體量和經濟發展速度，GDP 超過德國是大機率事件。超過德國之後，印度下一個趕超的對象就是日本。日本 2019 年名義 GDP 是 5.15 萬億美元，大約是印度經濟規模的 1.7 倍。但日本自從 20 世紀 90 年代以來，內需疲軟和巨額公共債務壓身使其經濟增長遭到了巨大打擊，多年來一直承受著通貨緊縮的螺旋式緩慢增長。印度經濟的快速增長，日本經濟卻停滯不前，十多年後印度有機會超越日本成為世界第三。

這固然和印度的人口與經濟體量有關，不過從這裡還可以看出印度強勁的發展潛能。據牛津經濟研究院統計的資料顯示，到 2035 年，印度會成為全球經濟增速最大的經濟體。

印度移動支付發展是其經濟發展與活力的一個縮影。和中國一樣，印度的移動支付也發展迅猛。印度使用智慧手機的人越來越多，由此帶動了移動支付行業。在印度，你會發現，不管是在高檔酒店還是在街頭的小販，都可以使用移動支付，就連在菜場你都可以使用移動支付。

資料顯示，2017 年，印度擁有 6.16 億智慧手機用戶，數量位居全球第二；其中，至少 7.6％的人已經開始習慣在日常

生活中使用移動支付，也就是 4680 萬人[56]。而當地主要的移動支付服務商 Razorpay 的資料顯示，人們對移動支付的熱情遠沒有達到頂點——從 2018 年到 2019 年，印度移動支付的需求增長了 338%。正因為市場前景可觀，包含蘋果、三星、小米在內的智慧手機主力廠商都紛紛在印度推出了各自的移動支付產品。移動支付的發展除了得益於印度龐大的年輕人口之外，還有非常重要的一點，那就是印度第三產業尤其是軟體服務產業的發展，這為移動支付發展提供了另一個重要支持。印度的軟體服務行業和 IT 業都在全世界名列前茅。印度的軟體外包服務更是開了外掛，在全球軟體外包市場中占了 2/3，在印度主要辦公街區看到的人中，很可能其中大多數都是做軟體行業的。這就是印度引以為傲的「世界辦公室」。

軟體產業的蓬勃發展對於印度的發展具有非常重要的意義。印度是金磚國家之一，經濟產業多元化，印度經濟以耕種、現代農業、手工業、現代工業以及其支撐產業為主，同時還有部分包含軟體發展在內的現代服務產業。進入二十一世紀以來，印度的服務業增長迅速，成為全球軟體、金融等服務業最重要的出口國。同時，印度還是全球最大的非專利藥出口國。印度有很多精通英語的人口，是全球眾多軟體工程師的祖國，僑匯世界第一。印度外匯存底充足，匯率穩定，在未來官方也可能全面解除外匯管制，由市場決定幣值。

56.Pushp Patil et al., "Understanding consumer adoption of mobile payment in India: Extending Meta-UTAUT model with personal innovativeness, anxiety, trust, and grievance redressal," International Journal of Information Management, vol. 54, (October 2020), p. 102144.

不過，在耀眼的經濟發展數字下面，印度也存在著不少隱憂。印度2/3的人口仍然直接或間接依靠農業維持生計，全國有1/4的人口難以得到溫飽。印度很多地區電力供應依然不足，這也導致其製造業出口增長後勁有所不足。同時，印度也是社會階層割裂和財富分配極度不平衡的國家，尤其是種姓制度和宗教衝突問題。

　　印度的發展和社會嬗變離不開其紛繁複雜的悠久歷史。通過回望印度這個古老文明的過去，可以幫助我們更好地審視這個國家的發展與變遷。

2. 堆疊的文明：種姓制度的前世今生

　　1922 年，一位印度考古學家來到了印度河下游的一個名叫摩亨佐‧達羅的土丘。這裡有一座古代佛塔的廢墟，他想在這裡發掘出有關佛教的遺物。

　　然而，出乎他意料的是，他有了遠比那座佛塔更加古老和偉大的發現——一座沉睡了四千多年前的宏大古城遺址。這座重見天日的古城被命名為「摩亨佐‧達羅城」。「摩亨佐‧達羅」在當地方言中是「死亡之丘」的意思，在古城中也發現了數量眾多的、類似於龐貝古城那樣瞬間全部死亡的人體遺骸。

　　後來，考古學家和學者們在印度河上游的哈拉巴，又發現了一座與摩亨佐‧達羅同時代的古城——哈拉巴古城[57]。

　　哈拉巴與摩亨佐‧達羅規模都相當龐大。街道佈局整齊，

---

57. 梅特卡夫：《印度簡史》上海外語教育，2006 年。

縱橫相交，有長達五公里的高大城牆，城裡可居住數萬居民。城市中的衛城有防禦城牆、護城河、公共建築等設施，衛城中央還有一個占地達數千平方公尺的大型磚砌穀倉。這兩座城市一南一北，但城市格局卻驚人相似，連磚塊的尺寸也能保持一致。這不禁讓人想到在兩座城市之間可能分佈著一個燦爛的古代文明。隨後洛塔古城等陸續發現的其他古代城市文化遺址證實了這一猜想——在印度河流域分佈在以哈拉巴為中心的東西約 1500 公里，南北約 1100 公里的廣闊地區，有一個被稱為南亞文明「第一道曙光」的哈拉巴文化，它通常被認為是達羅毗荼人在雅利安人進入印度前所創造的文明遺跡。

哈拉巴文化已經相當成熟發達，城市宏大，建築眾多，文字和青銅器也已經出現。當時的達羅毗荼人已掌握了十進位制的計算規則，擁有精密刻度的尺子；城裡還發現了船隻，這使人們相信，在當時的農業和手工業相當發展的基礎上，商業也已經發達起來了。許多商人聚集在城裡經營商業，並且跟海外發生了貿易往來。路上有點燈用的路燈杆，以便人們夜晚行走。還有大量造型精美的藝術品，如小雕像、骨刻、繪畫等，其中護身符印章尤多，有 2000 餘枚，其中甚至還有一些造型可愛的小玩具。

然而人們還發現了一件非常奇怪的事情，就是如此規模的文明，卻和世界上其他文明截然不同——人們在古城遺址中很少發現武器。這讓人非常困惑不解。

哈拉巴文化大約從西元前 600 年時突然衰落，其中有些地

區更是遭到了巨大的破壞。不少歷史學者認為，這是經過一次大規模的入侵後造成的，哈拉巴文化區的其他城鎮也遭到了或輕或重的破壞。

這些入侵者自稱為「雅利安人」，意為「出身高貴的人」，稱膚色較黑、鼻子扁平的當地人為「蔑戾車」，意為野蠻人，或稱為「達薩」，意為敵人。雅利安人擅長騎兵戰術，他們身披甲冑，騎著戰馬，連連進攻當地居民。雅利安人的入侵使印度河流域原有的城市文化消失，印度歷史進入「吠陀」時代。「吠陀」時代的雅利安人建立了十六個強盛的王國，其範圍涵蓋肥沃的印度河—恒河平原，即「十六雄國」。

雅利安人帶來的是一種截然不同的文化，他們的文明程度不如哈拉巴，但居於統治地位的雅利安人形成了一套等級森嚴的階級制度，這套階級制度成為後世種姓制度的雛形。

繼雅利安人入侵之後，在隨後的兩千多年裡，異族入侵在南亞次大陸一次又一次上演。

不久後，著名的波斯國王大流士一世征服印度，將印度作為波斯的一個行省。波斯衰落後，亞歷山大大帝所統帥的馬其頓人再度入侵印度。

雅利安人旃陀羅笈多（月護王）擊敗入侵者，開啟了偉大的孔雀王朝。他的孫子阿育王統一印度，由此阿育王也被譽為印度史上最偉大的君王。

然而，孔雀王朝僅僅持續了一百多年。從西元前 2 世紀初開始，大夏希臘人、塞人、安息人和大月氏人先後入侵印度。

大月氏人成為最成功的侵入者，他們在北印度建立了強大的貴霜帝國。

貴霜帝國覆滅後，印度在西元三世紀建立了最後一個本土王朝——笈多王朝。中國晉代高僧法顯訪問的就是笈多王朝。笈多王朝之後，所有的王朝都為外來入侵者所建立。遊牧民族嚈噠人（白匈奴）建立了後笈多王朝，之後阿拉伯人在8世紀初征服了印度西北部的信德，揭開了穆斯林遠征印度的序幕。從開伯爾山口湧入的中亞突厥人在幾個世紀裡不斷侵襲印度，而後在16世紀突厥化的蒙古人巴卑爾在印度建立了莫臥兒帝國。著名的泰姬陵即修建於莫臥兒帝國時期。莫臥兒帝國後期來自西方的殖民者從海上打開印度大門，印度進入近代化時期。

在整個古代印度裡，外來的入侵者有很多都刻下印記，但並未與本土文化完全融合。外來民族的文化和本土文化層層堆疊，成為混雜但不相融的文明形態。比如，20世紀著名的「非暴力不合作運動」可以從數千年前幾乎沒有兵器和武裝的哈拉巴文明中找到「非暴力」的影子，又比如，印度最出名的古蹟泰姬陵並非本土文化代表，而屬於外來的伊斯蘭風格建築，等等。

但有一件事情卻是例外的，它深深印刻到了大部分印度人的靈魂裡——這就是種姓制度[58]。

雅利安人入侵印度之後，與當地居民達羅毗荼人展開了

---

58. 歐東明：《印度教與印度種姓制度》，《南亞研究季刊》2002年第03期。

長期的征戰，最終占得上風，將達羅毗荼人貶為奴隸，稱他們為「達薩」，由此建立了種姓之別。隨著時間的推移，雅利安人內部也出現了以職業分工為標誌的種姓分化，如執掌宗教事務的僧侶，稱「婆羅門」，執掌行政和軍事的貴族，稱「帝利」，從事各種生產活動的平民，稱「吠舍」。這三個族群，加上已經被征服的達薩（後改稱「首陀羅」），組成了印度社會的四大種姓。它是古代世界最典型、最森嚴的等級制度，種姓制度下，各等級世代相襲。隨著融合了種姓思想的印度教成為大部分印度人的共同信仰，種姓制度在印度社會中的地位逐漸變得不可動搖。

種姓制度對四個種姓在地位、權利、職業、義務等方面有嚴格的規定。第一等級婆羅門主要是僧侶貴族，擁有解釋宗教經典和祭神的特權以及享受奉獻的權利，主教育，受眾剎帝利，負責壟斷文化教育和報導農時季節以及宗教話語解釋權。第二等級剎帝利是軍事貴族和行政貴族，婆羅門思想的受眾，他們擁有徵收各種賦稅的特權，主政軍，負責守護婆羅門階層生生世世。第三等級吠舍是普通雅利安人，政治上沒有特權，必須以佈施和納稅的形式來供養前兩個等級，主商業。第四等級首陀羅絕大多數是被征服的土著居民，屬於非雅利安人，由伺候用餐、做飯的高級傭人和工匠組成，是人口最多的種姓。被認為低賤的職業。在種姓制度中，來自不同種姓的父母雙方所生下的後代被稱為雜種姓。除四大種姓外，還有大量的「第五種姓」，稱為「不可接觸者」階層，又稱「賤民」或「達利

特」，他們多從事最低賤的職業。賤民在印度不算人民，不入四大種姓之列。

在印度最著名的史詩《羅摩衍那》中，生動體現了這種社會制度對印度人的影響——它甚至已經成為信仰一部分。《羅摩衍那》第七篇裡，有這樣一個故事：羅摩在當政時，一個剛剛死去獨生兒子的婆羅門，要求羅摩救活他的這個孩子。羅摩四出訪求孩子死去的原因，發現是由於一個低等種姓的首陀羅模仿高等種姓的婆羅門修煉苦行所致，便殘忍地把他殺死，從而換來孩子的復活，羅摩的這種行徑竟得到天神們的一致稱讚。從這個故事可以得知，低種姓連模仿高等種姓都不可以，更不用說僭越了。

數千年的延續使得種姓制度在印度社會中根深蒂固，極難根除。其影響一直持續至今，成為印度社會經濟發展最大的「攔路虎」之一。在印度開始多方面的變革之後，情況才開始慢慢出現轉機。

3. 緩慢形成的多買家社會：不尋常的跨越之路

由於印度教的強大影響力，南亞次大陸上處於不同階級的人們安於現狀，安穩地等待著「來世」。這種極強的穩定性使得種姓制度延續了兩千多年。在這樣的社會體制下，財富的分配可以說生來既定——上層無須擔憂，中層不能僭越，底層也不想掙扎，由此也造就了人類歷史上時間最長的無買家社會。

種姓制度的存在使得印度即使在君主制時期也保持著無買家社會的狀態，利益分配基本依託於血統，而且永世不變。英國殖民時期頒佈的一系列法律雖然動搖了種姓制度的法律基礎，但並未從根本上解決問題。印度獨立至今，政府通過一系列努力想要消除種姓制度影響，雖然取得了不少成績，但種姓制度在印度社會依然具有強大的影響力，深刻影響著社會的方方面面。這使得印度並未從無買家社會跨入一買家社會，而是通過法律賦予的平等權利緩慢進入了多買家社會。

　　1757 年 6 月的普拉西戰役，英國東印度公司的軍隊擊敗了法國支持的孟加拉王公西拉傑‧烏德‧達烏拉率領的軍隊，從而確立了東印度公司在孟加拉的統治權。隨後的數年裡，英國人完全驅逐了其他國家在印度的勢力，掌控了整個南亞次大陸。

　　1773 年，《印度規管法案》在英國國會通過，英國內閣開始管理東印度公司，成為英國政府控制印度的第一步，首次規定設立印度總督的職位。1784 年《印度法案》將印度置於英國議會和東印度公司共同管制之下，大大削減了東印度公司的權力，英國對印度的殖民統治體制逐漸形成，從而開始了英國對印度統治的新紀元。

　　由於基督教福音教派及人道主義運動的傳播，加上後來北美殖民地獨立的影響，英國形成了對土著居民地區的殖民「託管理論」。英國政府改變了過去直接掠奪和壓迫土著居民的政策，從法律層面規定將為殖民地土著居民建立良好政府、消除

暴政、杜絕腐敗、發展教育等，如 1813 年的特許狀法案就規定：「促進在英國統治下的印度人民的利益與幸福是英國人民的責任。」這在一定程度上促進了殖民地經濟文化的發展，從而「充當了歷史的不自覺的工具」。

英國殖民統治期間，印度教法是印度人使用的習慣法。英國首先在印度部分地區推行了其本土使用的普通法，後推廣至印度全國。英國殖民政府利用前期部分地區推行普通法時形成的大量判例，解決了英國普通法與印度教法的嫁接問題，形成了不同於英國普通法的印度判例法，成為現代印度法律的基礎。

依據「法律面前人人平等」的原則，英屬印度採用立法手段推進社會改革，對印度教社會中歧視賤民的習俗進行干預。在法律的頂層設計一定程度上推進了平等平權，形成了對種姓制度的衝擊[59]。1850 年英國殖民政府頒行《消除種姓無資格法》，給予了民眾改變宗教和種姓的權利。1856 年頒佈的《寡婦再嫁法》使寡婦再嫁合法化，1876 年孟買法庭援引這一法律，並宣佈「法庭不承認種姓的權威，不按照中性規定宣佈婚姻合法與否，或宣佈某人可以再婚與否」。一系列的法律法令從法律層面給予了所有印度人平等地位，低種姓和賤民在法律上的不平等基本被推翻。

然而，僅有法律的硬性規定而沒有社會習俗與文化上的深度變革不足以改變強大的社會傳統勢力。在這一點上，英國殖

---

59. 胡登龍：《解析英國殖民統治下印度種姓制度的變化》，《黑河學刊》2015 年第 09 期。

民政府一方面在法律上破除種姓制度影響,另一方面卻在文化傳統上給予其某種程度的尊重。在英國人征服印度後半個世紀左右的時間裡,英國人沒有試圖把自己的文化強加於印度,也未使原有教育制度受到干擾。首任總督赫斯廷斯甚至鼓勵復興印度學,他於 1781 年創辦了加爾各答宗教學院,還鼓勵東印度公司年輕的職員學習印度古典語言。

沿襲數千年的種姓制度並不會因為數十年的法律變革而完全改變,但它依然具有強大的影響力。

1947 年,印度擺脫英國殖民獨立後,制定了《印度共和國憲法》,原則上印度依然保留殖民地時期的法律,但議會有權對現行法律進行審查並可予以廢止或修改,最高法院也可以不予適用。獨立後的印度政府也意識到印度教法的混亂,著手進行了系統性的整理,提升了婦女和子女的權利,加強了低等種姓的權利。

印度獨立後,尼赫魯政府提出了「民主社會主義」的目標,轉向了計劃經濟路線。計劃經濟是典型的一買家社會,在短期內確實可以凝聚發展動能、快速提升國家實力。然而,因為印度的國情,計劃經濟並沒有取得預想的效果,在能力購買體系方面依然維持原本的無買家狀態,想要轉向一買家社會的嘗試並未成功。

由於根深蒂固的種姓制度,印度所頒佈的一系列法律和政策並不能完全保障占人口大多數的低種姓人群的上升通道,普及教育方面也沒有跟上,沒有獲取批量化高級人才,國家的

成長也就沒有足夠的動能。此外，民主政體下政黨的更替也讓「買家」並不穩定，「一買家社會」無法長時間維持，相應的能力贖買機制也難以成立。

1991 年，對於印度來說，是個重要的轉折年份。

這一年，印度發生了經濟危機，同時印度計劃經濟的「老師」蘇聯宣佈解體，兩大因素促使印度開始尋求計劃經濟外的發展道路。在這之後，印度政府不再過多干預勞工及金融市場並監管商業活動，新國大黨政府在印度開始實行經濟自由化改革，借由對外貿易及直接投資，逐步轉型為自由市場。如果印度轉型成功，將會由無買家社會直接跨入多買家社會，為國家發展提供強勁動能。

但印度的轉型依然困難重重。在無買家社會下，自由選舉的政府效率不高、管控力不強，各地土邦各自為政，極大地影響了人、財、物的流動，難以形成統一的流通市場。表面上，印度的多買家社會有西方式民主制度的約束，可以形成一個超大規模的多買家社會，依靠多買家產生巨大的增量，但實際操作起來卻並不現實。

在 2000 年前後，印度迎來了轉型的三大窗口機會：互聯網、全球化和人口的快速增長。

受益於全球化和互聯網，印度的外向型產業如軟體外包產業蓬勃發展。同時在印度國內，由於人口的快速增長，僅僅依靠農業已經無法支撐本地數量龐大的人口，自由遷徙成為必然選擇，這是資源不受土邦束縛的開端。

從 1998 年開始，印度經濟持續了強勁的高速增長，這正是向多買家社會轉型的直接成果。21 世紀初的印度按購買力平價計算已成為世界第四大經濟體，並被廣泛認為是潛在超級大國之一。

印度在制度上多買家機制已經開始佔據主流，認知上也基本達成統一。但印度從無買家到多買家社會的直接跨越，依然面臨著巨大的困難，需要兩到三代人的努力，才能在較大程度上消弭種姓制度的影響，破除無買家社會的血統枷鎖。

現在，種姓制度已經開始「破冰」，印度總理莫迪的連任是一個明顯的跡象。莫迪的家庭屬於低種姓的第三等級「吠舍」，其成長歷程頗具傳奇意味。莫迪家庭原本是賣茶的小販，社會地位不高，而印度人民黨領袖、一手將印度人民黨帶上執政黨位置的瓦傑帕伊則是高種姓。瓦傑帕伊挑選人民黨領袖接班人時，看中的恰恰是莫迪這位能力突出的「小販」。這已經足夠說明，種姓已經不再是桎梏人上升通道的決定性因素。無獨有偶，2017 年成為印度總統的考文德也不是高種姓，甚至還是一位種姓地位比莫迪還要低得多的「賤民」，而上一任總統慕克吉則屬於最高種姓「婆羅門」。低種姓成為國家元首，這顯現了印度種姓制度正在緩慢的消解過程中。

總的來看，印度的多買家社會已經開始啟動轉型，這將為印度帶來巨大的發展潛能。在未來，印度依然是不可以輕視的南亞巨象。

4. 走向未來，未可輕視的南亞巨象

在 2018 年，電影《我不是藥神》在中國大陸獲得了 31 億人民幣的票房佳績。

電影裡的「印度神藥」讓人印象深刻，這正是印度發達製藥工業的一個縮影。

印度的製藥業發達，生產了全世界仿製藥的三分之一，在第三世界國家擁有廣闊的市場，被稱為發展中國家中最發達的製藥國家。

印度國內約有 13 億人口，醫療市場巨大。在西方製藥壟斷的情況下，印度人吃不起藥，這種狀況激發了中國仿製藥的巨大需求，成為印度製藥發展的最原始動力。

在政府方面，對製藥行業也鼎力支持。印度的製藥業原本一直掌握在英國的製藥公司手裡。1972 年在總理英迪拉 · 甘地的國有化策略下，印度政府兼併了很多國際製藥公司，尤其是英國殖民時代留下來的製藥公司。而且以國家立法的形式，鼓勵印度製藥企業生產符合價格的仿製藥。

為了打擊國外藥企的壟斷，印度直接立法對藥價進行行政管制，導致國際藥企因為在印度根本賺不到錢而紛紛退出印度市場。而這些藥企退出的空間被印度本土藥企繼承，在法律的支持下，開始全面進行世界藥物的仿製。而且政府和企業進行雙向投資，形成了較為成熟的產業鏈。經過幾十年的發展，成功突圍，印度的仿製藥以物美價廉行銷全世界，佔領行業地位。

1995 年，印度加入 WTO 後，放開了藥物企業管制，大量的國際藥企進入。此時印度出臺了強制性的條款，對於國際上價格比較昂貴的藥物直接強制許可，讓印度的企業生產和仿製。由於不斷研發新品種的藥物，印度被人們稱為「世界藥房」，是公認的世界製藥大國。

　　除了製藥行業之外，印度的軟體產業在世界上也享有盛名。印度軟體產業覆蓋國內 43 個城市，服務出口到全世界 100 多個國家。

　　印度是世界上獲得品質認證軟體企業最多的國家，同時非常重視對軟體人才的培養。這種培養方式一方面來源於高等學府的教育，另一方面來源於社會上的各種培訓機構，還有一方面則來源於企業內部的培訓。印度本土就有很多全球知名軟體公司。這種教育模式不僅為全球提供了大量優秀軟體人才，也為印度本國儲備了數量眾多的同類人才。

　　在美國的矽谷，有眾多高科技企業的高管是印度人，比如谷歌 CEO 薩提亞 · 納德拉、微軟 CEO 薩提亞 · 納德拉都是印度裔，這和印度國內龐大的技術人口基數是分不開的。在微軟、谷歌這種大型的全球化公司，印度員工佔有很大比重，據統計接近約 20%。印度軟體外包產業處於世界領先地位，國內的軟體產業園全球各大軟體巨頭遍佈，聚集了超過 100 萬軟體人員。

　　印度政府對軟體行業和科技行業給予很大的政策支持。從 1991 年開始，印度政府就不對軟體行業收取任何稅務，而且

在銀行貸款還享有優先權，政府為這個行業製造了良好環境以供發展。

除此之外，良好的外包模式也是推進其發展的助力，他們會派遣工程師去國外為客戶進行駐地開發。完成後，遠端為客戶進行安裝和維護，這種外包模式獲得很大成功。

印度的製造業也在異軍突起。印度有 65% 的人年齡都低於 35 歲，這些年輕人可以扶持國際經濟的增長。因此有很多國外的企業都選擇到印度建設工廠、招募員工。

汽車行業是製造業發展的重點。印度是全世界重要的汽車零組件製造中心。在印度的汽車企業以本土企業為主，也有為數不少的跨國車企。塔塔汽車公司（TataMotors）是印度最大的綜合性汽車公司和商用車生產商，佔有印度市場 59% 的份額。塔塔汽車是印度塔塔集團下屬的子公司，是全球商用汽車製造商中排名前十名，年營業額高達 20 億美元。2008 年 3 月 26 日，印度塔塔汽車公司以 23 億美元現金收購福特汽車旗下捷豹和路虎兩大品牌。印度汽車工業已經成為全球汽車行業中一直舉足輕重的力量。

印度製造業的另一個重點是電子製造業，尤其是智慧手機的製造。2014 年到 2019 年，印度手機製造業的企業數量從 2 家增至 200 多家。

在印度諾伊達，三星建立了其在全球的最大手機工廠，將全球四成出貨量放在印度生產。2020 年 1 月，三星還投資了 327 億人民幣，在諾伊達開建一座用於手機和其他電子產品的

顯示面板工廠。中國手機品牌也在諾伊達扎堆，2019 年 OPPO 在大諾伊達的工廠可以月產 400 萬部智慧手機，產品主要面向南亞、非洲和中東國家出口，OPPO 未來將有一半以上的手機為印度製造。此外，OPPO 還花了 22 億元人民幣，在大諾伊達地區買地建設新的印度總部。另一家頭部廠商 VIVO 也投資了超過 40 億元人民幣，在大諾伊達建造一個和中國工廠相當的新廠，目標是在 2020 年讓年產能翻番達到 5000 萬部。

2018 年 8 月，小米供應商合力泰宣佈投資 13 億元人民幣在印度建廠，生產緊湊型攝像頭模組（CCM）、薄膜電晶體（TFT）、電容式觸控式螢幕模組（CTP）、柔性印刷電路（FPC）和指紋感測器，這是印度第一次產出這類手機零組件。

如今，印度諾伊達已經聚集了三星、OPPO、VIVO 的手機工廠和小米、傳音等品牌的 OEM 工廠，以及圍繞這些大廠的上游供應鏈。諾伊達從手機配件、代工廠到品牌經銷，已經形成了全印度最繁榮的手機產業鏈，隨著產業集聚效應的顯現，將進一步打開印度製造的潛力。

誠然，印度是社會財富分配極度不平衡的發展中國家，種姓制度問題較為尖銳，但其潛力卻不容忽視。尤其是經歷了社會嬗變之後，多買家社會的活力已經開始初步顯現。

作為未來很可能成為第一大人口大國的印度，作為 21 世紀全球最主要的軟體產業國家、全球眾多軟體工程師的祖國，以及製藥、汽車、手機等重要產業的重磅玩家，未來的發展潛力，不容忽視。

第十二章・威權還是自由：新加坡的皮與骨

　　無論從世界城市的角度還是國家發展史的角度上看，新加坡都是一個非常另類的存在。

　　一個歷史很短、沒有任何有價值的資源、耕地面積小到可以忽略、就連淡水都需要從鄰國進口的國家，竟然在短短數十年間從被馬來西亞掃地出門的棄兒發展成為世界知名的花園城市的國家和發達經濟體，縱觀全球也找不到這樣的例子。

　　新加坡的面積僅有七百多平方公里，不到北京市面積的二十分之一，國土面積基本上就等同於城市面積。就是這樣一個國土面積在世界上排名倒數的國家，在全球的影響力卻一點也不小：新加坡是繼倫敦、紐約、香港之後的第四大國際金融中心，被GaWC（全球化與世界級城市研究小組與網路）評為世界一線城市，是亞洲最重要的金融、服務和航運中心之一……

　　不少人認為，新加坡的成功來自被稱為「國家資本主義」的經濟模式。但實情是否真的如此呢？也許新加坡政府投資的淡馬錫公司能為我們解開部分疑惑。

1. 淡馬錫：最神秘的投資公司

關注財經新聞的朋友可能會偶爾聽到「淡馬錫」這個名字，這個公司聽起來似乎既熟悉又陌生——它既大到無法被人忽略，而又「隱藏」得很好，就像是一頭藏身於在密林中的大象。

但是，淡馬錫到底是誰？

淡馬錫控股公司（Temasek Holdings）是一家大型投資公司，也稱淡馬錫控股私人有限公司，公司總部位於新加坡，成立於 1974 年。剛成立時，淡馬錫的總資產為 3.45 億新元，截至 2020 年 3 月，其總資產已達 5950 億新元（約合 4403 億美元）。46 年間增長了 1725 倍[60]！

此外，公司還以控股方式管理著 23 家國聯企業（可視為其子公司），其中 14 家為獨資公司、7 家上市公司和 2 家有限責任公司，下屬各類大小企業約 2000 多家，職工總人數達 14 萬人，總資產超過 420 億美元，占新加坡全國 GDP 的 8% 左右。2018 年 12 月，世界品牌實驗室發佈《2018 世界品牌 500 強》榜單，淡馬錫排名第 434。2019 年 11 月 16 日，胡潤研究院發佈《2019 胡潤全球獨角獸活躍投資機構百強榜》，淡馬錫排名第 23 位。

淡馬錫從最初成立開始，到 2004 年 9 月為止，30 年裡從未公佈過財務報表，被認為是新加坡最神秘的企業之一。這家

---

60. 陳贇：《國企管理如何學習淡馬錫模式》，《通信企業管理》2021 年第 08 期。

頗具傳奇色彩的公司，除了成功的資產運作外，最大的特色就是，它是一家「國有」企業，新加坡財政部對其擁有100%的股權。

淡馬錫是在新加坡特殊歷史時期誕生的，對新加坡的發展起到了巨大的推動作用，被譽為新加坡的「影子財政部」。

1965年，新加坡正式獨立。獨立後的頭10年是新加坡大量吸收外資和引進技術、推動國內經濟起飛的時期。當時西方發達國家處於「二戰」後的產業結構調整階段，便將大量的勞動密集型出口工業向發展中國家和地區轉移。新加坡地狹人多，資源匱乏，制定出口型經濟戰略是其必然選擇，因此迫切需要抓住這個國際經濟形勢變化帶來的重要機遇。

但是，當時很少有人對一個剛成立的、幾乎一窮二白的國家抱有信心。新加坡的企業在銀行中很難得到超過3年期限的貸款，剛剛起步的製造業舉步維艱。尤其是交通運輸、造船業等重要的工業項目，因為投入高、風險大、回報週期長，願意投身這些行業的私人企業寥寥無幾。新加坡政府深知這類企業的重要性，決定由政府投資興業，直接投入發展資金啟動企業的起步發展。

到20世紀70年代中期，因為新加坡政府出資興辦的企業越來越多，問題也變得越來越複雜。政府不是專業的運營機構，難以支持企業在激烈的市場競爭中不斷發展壯大，政府的過度保護也不利於企業的良性發展。

1974年，新加坡政府決定由財政部投資司負責組建一家

資本控股公司，專門經營管理國家投入到各類國有企業裡的資本。同年 6 月 25 日，淡馬錫控股（私人）有限公司正式成立，它屬於新加坡財政部全資控股的私人豁免企業，直接向財政部負責，是典型的國有控股的資產經營公司。

新加坡財政部將其所投資的 36 家公司的股權全部轉入到淡馬錫旗下。將這些資產轉移到一家商業公司的目的，是讓財政部能夠專注扮演決策和監管的核心角色，而淡馬錫則以商業原則持有並管理這些投資。

新加坡政府對淡馬錫的管理模式成就了一家成功的國有企業。有人認為，新加坡政府與淡馬錫之間是「一臂距離」的關係。財政部對淡馬錫的經營做到了監管但不干預、鼓勵自主經營而又不至於失去控制的適中力度，其規範的董事會制度保障了公司的商業決策不受政府干預。

淡馬錫公司執行董事何晶認為：「政府無為而治的政策，是淡馬錫能成功的重要原因之一。」淡馬錫董事會中，獨立董事占絕大部分，既減少了股東董事對董事會的直接干預，降低了政府的影響，又通過較少的執行董事，有效地將執行與決策的責任嚴格分開。比如淡馬錫官方公佈的最新董事會名單共有 10 人，其中 1 人是執行董事，其餘大多是來自獨立私營企業的商界領袖。

董事會在淡馬錫治理過程中發揮核心決策作用，對公司長遠戰略目標、年度預算、財務報表、重大投資出售計畫、重大融資建議等均有決策權。

儘管淡馬錫的董事會成員及首席執行官的任免要得到總統同意，董事會也必須向總統定期彙報工作，但除非關係到淡馬錫儲備金的保護，總統或政府一般都不參與淡馬錫的投資、出售或其他任何商業決策。

　　如同新加坡政府不干涉淡馬錫的正常經營管理一樣，淡馬錫公司一般也不干涉旗下企業的日常經營。「一臂距離」的精髓就是如何將企業更好地推向市場。

　　從一個不起眼的小公司成長為巨無霸國企，淡馬錫的成功對新加坡具有極為重要的意涵。淡馬錫的存在推動了新加坡商業的高效運作與發展，不僅如此，淡馬錫對於我們認識新加坡也同樣意義重大──一旦你理解了淡馬錫，也就找到了理解新加坡的大門鑰匙。

2. 新加坡的前世今生

　　1819 年，英國東印度公司雇員斯坦福・萊佛士登陸新加坡，並宣稱開始管轄該地區，這成為新加坡開埠的發端。1824 年，新加坡成為英國殖民地。

　　蒸汽船的發展以及蘇伊士運河的開通，讓新加坡成為航行於歐亞船隻的重要停泊港口。1870 年前後，隨著橡膠種植業的蓬勃發展，新加坡成為全球主要的橡膠加工和出口基地。到 19 世紀末，當時新加坡的貿易增長了八倍，獲得了前所未有的繁榮，成為英國在東南亞的政治經濟中心。「一戰」後，英

國還在新加坡斥資五億修建了一個海軍基地，首相溫斯頓．邱吉爾稱新加坡為「東方的直布羅陀」。

「珍珠港事件」後，日本擊敗英國守軍，佔領了新加坡，奪取了這枚「大英帝國皇冠上的小寶石」。1945 年 9 月，日本投降，英軍重返新加坡。1953 年年底，新加坡修改憲法，開始享有較大的自治權。

1959 年，新加坡進一步取得自治地位。同年 6 月，新加坡自治邦首任民選政府宣誓就職，李光耀出任新加坡首任總理。1961 年，新加坡全民投票贊成加入馬來西亞。1963 年 9 月，新加坡正式脫離了英國的統治，加入馬來西亞。

然而，新馬合併後新加坡和中央政府之間矛盾開始逐漸激化。兩地政府之間發生多次衝突，結果是以巫統為首的馬來西亞執政聯盟在國會緊急通過修改憲法，以 126 票贊成、0 票反對將新加坡驅逐出馬來西亞。

1965 年 8 月 9 日，新加坡脫離馬來西亞，成為一個有主權、民主和獨立的國家。建國以後，新加坡人民的集體危機感成為經濟奇蹟的原動力，靠著勤奮的打拼在逆境中求得生存。

作為一個無資源、無耕地、無縱深的「三無」袖珍小國，全世界對於新加坡是否能繼續存在表示疑問。除了主權糾紛，新加坡還面臨其他很多的問題，包括住宅短缺、缺乏土地、失業率高等。

沒有任何自然資源的新加坡，完全依賴馬來西亞供給淡水，耕地面積也小得可憐，糧食自給率不到 10%，國家的生存

之本幾乎完全掌握在別人手裡。新加坡國土面積小，毫無戰略縱深可言，作為一個以華人為主體的國家，在當時彌漫著反華氣氛的東南亞，四周盡是敵視的目光。南北兩面是馬來西亞和印尼兩個大國，幾乎沒有什麼力量能保證自身的安全。

新加坡獨立建國後失業率很高，還存在著嚴重的「屋荒」問題。據統計，新加坡市區有 84% 的家庭住在店鋪和簡陋的木屋區，其中 40% 的人住在貧民窟和窩棚內，只有 9% 的居民有自己較為穩定的住房。

如果要求存求活，新加坡政府必須採取有力的措施來發展工業及經濟，讓自己不斷壯大，才能避免覆亡的危機。如今新加坡政府拿到了一手「壞牌」，如何打好是個很大的問題。

李光耀帶領的新加坡政府顯現出了非凡的勇氣。他們採取了一系列讓新加坡得以生存和發展的措施。簡單來說，他們為了激發社會的內生動力，在尚不具備多買家社會基礎的情況下，運用強力措施保障和推動了社會的轉型。

3. 理想與現實之間：如何快速構建多買家社會

缺人、缺地、缺資金，新加坡面臨著前所未有的挑戰。但新加坡也並非一無所有，開埠一百餘年間，由英國人建立的較為完備的法治體系和地處麻六甲海峽咽喉部位的天然良港，是新加坡政府的最大倚靠。事實證明，這兩大優勢在新加坡的發展中起到了非常關鍵的作用。

正如前面所說，淡馬錫是理解新加坡的一把鑰匙。作為一家「非典型」國企，淡馬錫和其他國家的國企是不大一樣的。

淡馬錫的大部分董事會成員都是非執行獨立董事，均為來自私營企業的商界領袖。董事會下設執行委員會、審計委員會、領袖培育與薪酬委員會。包括執行委員會在內每個委員會的主席均由一名獨立於管理層的非執行董事擔任。從成立起，淡馬錫董事會的政府官員並不多，根據 2004 年年報披露的董事會構成，僅有一名董事是政府官員，而 2011 年 10 月公司董事、前財政部常任秘書張銘堅卸任其總理公署常任秘書一職後，公司董事會裡就沒有政府官員了。

這反映了淡馬錫的一種治理理念，政府在淡馬錫的董事會沒有代表，淡馬錫的商業決策獨立於政府之外。

關於董事局的任命，新加坡財政部的說法是「政府的主要任務是確保淡馬錫有一個能夠勝任的董事會」。首席執行官由董事會任命，但需經總統批准。除了保護淡馬錫的過往儲備金（past reserves）之外，無論是總統還是財政部，都不參與淡馬錫的投資、脫售（divestment）和其他商業決策。總的來說，財政部僅保留了兩個權利：知情權和對過往儲備金的保護權，總統保留了董事和首席執行官的任命權、知情權和過往儲備金的保護權。

對淡馬錫等政府公司而言，總統對董事和首席執行官的任命程序和相關規定，已在新加坡憲法裡寫明。

淡馬錫的成功有很多因素，其中最核心的在於明確了在管

理層面政府和企業的邊界和權責。淡馬錫通過立法、憲章、章程等方式給予了企業完整、直接的授權，政府並不干預其商業化運作。市場性業務和政策性目標沒有混合，沒有讓商業主體過多承擔政策性、戰略性的相關任務，避免了國有企業容易出現的所謂導致預算軟約束的各種問題。

淡馬錫是新加坡治理理念的一個縮影。

新加坡在獨立後，在多個方面開啟了社會的重塑，建立了具有保障性質的「基礎設施」，包含硬體方面和軟體方面的基礎設施。

硬體方面的基礎設施是很容易被感知到的。比如大名鼎鼎的新加坡公共房屋——「組屋」，由新加坡建屋發展局承擔建設，大大緩解了新加坡居民的住房壓力，在很大程度上實現了李光耀「居者有其屋」的願景。除了組屋之外，新加坡還大力加強港口和工業區建設。新加坡港的建設在 60 年代起大為加速，同時新加坡還成立裕廊工業區，並在加冷、大巴窯等地建立輕工業基地。

這些建設對新加坡整體發展和就業促進的作用是顯而易見的。但軟體方面的基礎設施其實更為關鍵——硬體只需要資金，軟體更需要耐心、智慧和勇氣，而且是推動國家發展的核心原因。

淡馬錫就是這些「軟體」的元件之一，為新加坡企業的融資提供了有力的資金保障。此外，新加坡另外三項軟性建設是法治、教育和價值觀。

新加坡立法完備，覆蓋面廣。法條不僅涉及社會經濟方方面面，而且囊括尋常百姓生活的細枝末節，比如「口香糖不得在新加坡生產和銷售」也以法律的形式明確規定。真正地做到「法律就在身邊，人人心中都有法」，也正因為處處有法律規範，再加上有效的法律監督機制，最終使人不能違法。

新加坡教育是世界上教育發展最成功的國家，每年在教育行業的投入占到 GDP 的比重達到 3%~4%，教育整體品質在全球領先。新加坡的教育體制承襲英國精英教育傳統，同時兼具東方基礎教育優勢。新加坡的義務教育長達十年，新加坡國立大學是亞洲首屈一指的名校，這種「普惠教育＋精英教育」成為人才脫穎而出的強大保障。2015 頒佈的《全球最大規模基礎教育排名》中，新加坡排名全球第一。英國新聞週刊《經濟學人》2018 年 9 月 1 日曾在報導中提到，新加坡擁有世界上最好的教育體系，且在國際學生評估項目中，數學、科學兩個科目更是一直名列榜首。

新加坡全國公務員約有6萬人，實行的基本政治策略是精英政治，專家治國。精幹高效的公務員隊伍建設。總統、總理、國會議員和政府部長都是國內有影響的頂尖人物和某方面的專家，這些人物大都在英美著名學府留學深造過，如李光耀就是英國劍橋大學的高材生。新加坡政府高度重視公務員隊伍建設，對擔任公務員的人員要求很高，良好的教育環境支撐了通暢的人才上升通道，使得優秀的治理人才脫穎而出。

作為一個多種族國家，新加坡不僅注重東方的道德觀念

教育，也注重西方的法治精神教育，為大力宣導公民自覺守法打下良好的道德基礎。新加坡主張五大價值觀：國家至上，社會為先；家庭為根，社會為本；關懷扶持；求同存異，協商共識；種族和諧，宗教寬容。

經過這些軟性基礎設施的建設，新加坡的企業獲得了良好的融資環境、源源不斷的人才供給、有力的法治保障和穩定的社會環境。事實上，新加坡正是用政府力量保障了新加坡向多買家社會的演化，在國內條件不具備的前提下，用「扶上馬，送一程」的方式促成了由市場決定的全新分配機制，同時在價值觀上也形成了全民統一。因此，新加坡的很多方面表面上看似控制，實際上是放手——這和淡馬錫的發展理念如出一轍。

新加坡以政府的強力推動去除了影響多買家社會形成的阻礙，搭建了多買家社會形成的基礎，同時積極引入國外資本，保障了良好的法治環境。國外資本的快速湧入，也讓鄰國馬來西亞和印尼投鼠忌器，不敢輕舉妄動。

新加坡和歷史上的商鞅、日本明治天皇和麥克亞瑟有很多相似的地方，都是以威權推動社會的快速轉型。這一點和印度就形成了一個鮮明的對比，印度缺乏一個強力的推動力量，因此其轉型緩慢，過程漫長。

2011 年新加坡大選，執政的人民行動黨以 60.14% 的得票率獲勝，創 50 年來的最低紀錄。人民行動黨不僅丟了 6 個國會議席，還破天荒地丟失了一個集選區。其後，李光耀和當年接替他繼任總理的吳作棟分別卸去內閣資政和國務資政職位，

2011 年也因此被稱為新加坡政治史上的分水嶺。2020 年的新加坡大選，執政黨人民行動黨支持率僅為 61%，逼近 2011 年的最低紀錄。在此同時，人民行動黨在國會 93 個席次中取得 83 席，但反對黨工人黨贏得前所未見的 10 席，超越 2015 年的 7 席紀錄，可以說近十年間一直處在不斷的攀升之中。

從趨勢上，新加坡將逐漸轉型為一個法治框架下的民主制衡國家——這也許正是最初李光耀推動社會轉型的初衷。

4. 東南亞花園：從一無所有到亞洲小龍

新加坡建國前的一百餘年，處於英國統治之下，在這一百餘年間，通過工業革命成為世界強國的英國，急需為該國商品尋找各大海外銷售市場；而新加坡正好處在麻六甲海峽的咽喉地帶，這是歐洲、非洲、中東、東亞、東南亞國家貿易往來的必經之地。因此，英國把新加坡作為該國轉口貿易最重要的場所。

與此同時，轉口貿易也給新加坡帶來了繁榮，到 19 世紀 50 年代，新加坡對外貿易中有 90%~95% 屬於轉口貿易，並且連帶解決了該國 70%~75% 的勞動力，包括其他相關產業創造出來的價值占其 GDP 的 80%~85%。

然而，這種繁榮的轉口貿易活動因為缺乏牢固的經濟根基，作為短暫中轉站的新加坡只能如同緊張勞作的流水線操作員，日復一日等候聽令，毫無主動性。

這樣的前提下，李光耀決定進行經濟改革：擺脫單一畸形的轉口貿易經濟結構，開展以工業化為中心的經濟發展戰略，從而帶動經濟多元化。同時，新加坡採取「追隨排頭雁」策略，實行進口替代政策，對進口商品徵收重稅，保護本國尚未壯大的民族企業，為民間資本發展替代進口型工業創造條件。

就這樣，以勞動密集型的工業化為切入點，新加坡開始走上了異常吃力的經濟轉型之路。

在第一階段成功引入勞動密集型製造業的基礎上，始終堅持對外開放的新加坡從第二階段開始便大量吸收外資和引進技術，推動國內經濟起飛，促進資本密集型製造業。具體來看，先是向全球推銷新加坡，設立經濟發展局，以便招商引資。同時，新加坡開始建立大型工業園作為招商引資的主載體。

據統計，20 世紀下半葉，新加坡是發展中國家吸引外資最多的國家。

通過循序漸進的三部曲：新加坡吸收了西方的資金和先進技術，逐漸鞏固本國的經濟底盤，提升了經濟高度，並開始嘗試走出去，在經濟發展的道路上先行一步，頓時與其他亞洲國家拉開了距離。

經過第一階段和第二階段的摸索和累積，新加坡經濟開始進入「自然成長期」，長期保持經濟高速增長。

在這個經濟黃金階段，新加坡採取「選贏家」策略，實行出口導向政策，著力調整經濟結構，重點發展造船、煉油等資本密集型產業；設計、資訊、電腦等技術密集型產業；金融、

貿易、通訊、會展、旅遊等服務業。

　　憑藉實力，在 21 世紀 70 年代末期，新加坡已經成為世界上聞名遐邇的亞洲新興工業國，位居「亞洲四小龍」之首。

　　新加坡政府結合國情、調整政策，推進了新加坡從無買家社會到多買家社會的發展進程，啟動了新加坡的經濟活力，實現了新加坡的經濟騰飛。

【第四部分】
從社會進步的「密碼」之中
發現的經營啟示錄

內容摘要：不同的社會管理形態帶來了不同的社會發展和社會變革，「無買家社會」、「一買家社會」、「多買家社會」三種社會形態，正是激勵社會進步的「進步密碼」。這三種激勵制度，對現代社會的企業經營管理者有哪些啟示意義呢？

第十三章・經營啟示錄：
如何激發企業的內生動力

　　唐太宗說：「以人為鑑，可以知得失；以史為鑑，可以知興替。」作為一個封建帝王，能有這樣的見識，無怪乎能夠開創貞觀之治。但我們作為現代人來審閱歷史時，不妨更進一步：為什麼「以史為鑑」，可以找到興盛、衰敗的關鍵因素？

　　朝代與朝代之間，政府結構、軍事制度，多有許多不同之處，至於風土、人情、衣服、器物等方面，區別就更大了。不過，所有這些都像是歷史的障眼法——將它們層層剝開之後，我們會發現，真正影響朝代興衰的，還是利益分配制度。利益分配制度是所有矛盾的關鍵點和衝突爆發的原因，而這層原因又決定了王朝的命運。可以這麼說，影響王朝命運的關鍵在於：它選擇了無買家、一買家還是多買家模式。

　　「形而上學謂之道。」所謂的「道」，換成今天的語言，就是模型。它擁有提綱挈領、直指核心的力量。只要瞭解無買家、一買家、多買家模式的精髓，就可以用它分析那些看起來與朝代關聯不大、而實際上非常相似的組織。還是以企業為例。

　　作為一種生產組織形式，企業和歷史上的很多國家

一樣，有著興起、發展、到達鼎盛，再至衰微的過程。另一方面，企業可以說是現代社會的脊樑。我們日常生活中的衣食住行、娛教衣養，都離不開企業的生產和經營。觀察企業的興衰，能從中得到什麼樣的啟示呢？

在我看來，決定企業興衰的，也是企業的分配機制。不同分配機制下的企業，好比無買家社會、一買家社會、多買家社會三種文明形式，其內在的動力有著天壤之別，相應的，它們的競爭力、創造力、穩定性卻宛如雲泥。

無買家模式對應那些最為守舊的家族企業。它們按照血緣上的親與疏，分配企業內部的資源和企業發展得到的利益；至於其核心管理層則完全由自己人把持，職業經理人想躋身其中，幾乎不可能。可以說，在這樣的企業裡，血緣關係直接決定了一個員工能做到公司的什麼職位。

一買家模式，類似於某一人或某一方絕對控股的公司。這一人或者這一方，自然成為公司的老闆，和中國古代的皇上一樣，擁有生殺予奪的大權。為了企業發展，老闆們往往引入職業經理人制度，以績效為指標、將晉升作為激勵，鼓勵員工充分發揮自己的聰明才智。這些企業裡的員工，比之於家族企業的員工，有著更多的升遷機會、更好的發展前景；從另一個方面說，他們又像是封建年代的官員，再怎麼升遷，最多把同僚比下去，絕對不可

能威脅到皇帝本人。

多買家模式好比是員工持股的股份制公司，或者創業時就股權為籌碼引入風險投資的公司。在這些公司裡，固然有上下之別，不過，員工的發展卻並無固定的上限。每一個員工都可以憑藉自身的能力和積極努力獲得職位升遷，甚至有機會進入核心管理層，成為擁有蛋糕分配之權的「買家」，和公司的其他「買家」把酒論英雄。

這三種治理模式的企業，在整個商業的發展史中隨處可見。可以說，人類的商業發展史和企業治理模式的變遷史非常類似。

1. 全球企業進化史：治理結構的不斷演進

最初的企業脫胎於家庭式的作坊或店鋪，企業裡從管理人員到工作人員都是本家庭（族）的成員。隨著生產規模的擴大，家庭（族）的成員逐漸脫離具體工作，轉而只負責人員的管理和事務的決策，這就是家族式企業的源頭。直到今天，依然可以找到它們的身影。

我們可以看看這份有趣的排行榜——《胡潤全球最古老的家族企業排行榜》。根據這份榜單，截至 2021 年，存續超過 1000 年的家族企業有 4 家：日本大阪的金剛組，成立於 578 年，已傳 40 代，主營建築施工（主要是寺廟建築）；日本小松市的粟津溫泉酒店（法師旅館），成立於 718 年，已傳 46 代，

主營為酒店管理，是世界上尚存最古老的酒店；法國聖納爾澤（Haute-Goulaine）的古蓮堡（Chateau de Goulaine），成立於1000年，主營葡萄園、博物館和蝴蝶收藏；義大利阿尼奧內（Agnone）的鑄鐘場（Fonderia Pontificia Marinelli），成立於1000年，主營鑄鐘，紐約、耶路撒冷乃至於北京等城市都有他們鑄造的鐘。榜單前100名的企業都分佈在歐美和日本，成立最晚的也有240年以上的歷史，行業分佈以手工製造業（24家）做多，釀酒業（18家）次之。

這些家族企業最初的規模都不大，企業成員就是家庭（族）成員，完全以血緣關係為紐帶組織生產。成員與成員之間雖然在具體分工上有所不同，但是，由於企業資產已經形成了既定的分配策略，相應的，企業盈利所得都按照一定比例進行分配，所以，家庭（族）成員形成了一個牢固的利益共同體。

隨著技術的進步和生產規模的擴大，僅僅依靠家庭成員來進行生產或者提供服務的模式已經難以為繼，不得不對外招收員工。然而，很多家族企業規模變大了，核心的管理模式卻沒有太多變更，一直延續著按照血緣（統）的分配模式。這就是典型的無買家治理模式。

採用這種治理模式的家族企業，有一些逐步發展成為某個細分領域的隱形冠軍（如1745年成立的德國起重機製造商紐豪斯 J. D. Newhaus，在高檔起重吊鉤的市場佔有率超過一半以上），但整體而言，純然靠家族成員經營的優秀企業卻鳳毛麟

角。從總體上來看，除有一小部分（以工匠型的作坊式企業居多）企業外，絕大多數家族企業已經湮沒在歷史的長河中。其興衰背後的關鍵在於，它們在市場競爭之中遇到了更現代化的對手。

公司治理制度上的第一次飛躍，在於打破了按血緣（統）進行分配的模式。對於規模較小的家族企業來說，工藝、技術通常是其第一競爭力，這些技能，可以在家庭（族）內部傳承，因此按血緣（統）分配利潤十分合理。但隨著企業組織規模的擴大，管理和技術的標準化取代工藝、技術，成為更加重要的因素。如果不改變分配模式、引入更優秀的人才，家族式企業很容易在激烈的競爭中變得岌岌可危。

中國的晉商是一個典型的例子。一個從「無買家」的古典家族企業向以東家為核心的「一買家模式」企業轉變的例子。晉商興起於明朝，全盛於清朝，清末民初逐漸衰亡。清朝存續的 200 餘年，是晉商的鼎盛時期。這一時期的晉商，和徽商、潮商分庭抗禮、絲毫不落下風。

晉商的一個特點是「東家」和「掌櫃」的分工協作模式。東家即企業所有者，相當於現代企業裡的董事長（控股方）；掌櫃，是企業的經營者，相當於現代企業裡的總經理。晉商的東家掌握著分配大權，給予包含掌櫃在內的所有夥計（員工）晉升管道及分紅權。比如，晉商日昇昌票號裡張貼的《學徒規讀》中寫道：「黎明即起，侍奉掌櫃；……學以致用，口無怨言，一旦學成，身股頂櫃……」「一旦學成，身股頂櫃」，就

是說普通學徒有可能晉升為掌櫃，並享有分紅權。

　　雖然晉商中已經出現了所有權與經營權分離的跡象，但總體而言，「一個東家多個掌櫃」對應的是一買家治理模式。比之於古典式的家族企業，這樣的分配模式可以更大程度上調動員工，讓掌櫃的和夥計有動力全心全意地為東家賺錢。晉商這一運用新型一買家治理體系的企業，顯現出了強大的生命力，逐漸淘汰了大部分古典的家族企業，佔據了主流地位。

　　企業的變遷不但發生在中國，同樣出現於西方國家：分別創建於 1600 和 1602 年的英國和荷蘭的兩家東印度公司，標誌著現代股份制企業的萌芽。通過 17、18 世紀的累積，英國企業率先向近代化模式轉型，轉型後的新型企業開始佔據市場主導地位。隨後，其他歐美國家和日本也隨之逐步完成了企業轉型。很明顯，這是新型治理模式對於「無買家」治理模式的全面替代。企業發展到現代，治理結構再次發生了更迭，治理結構趨於完善，現代股份制企業成為全球企業的主流管理模式。

　　簡而言之，現代企業擯棄了簡單的個人統治模式，實現了所有權與經營權的徹底分離；同時，通過股東大會、董事會、監事會、經營者、獨立董事等方式，建立起了完善的契約制度和法人治理結構。權利和義務不再由一買家模式裡的個人說了算，而是形成了所有人都有機會掌權的多買家模式。這種多頭並進的管理結構，極大地激發了企業的內部潛力。

　　美國的鐵路企業是現代企業的發端之一，一開始就採用股份制模式籌集資本，奠定了現代企業的制度基礎。現代企業制

度和治理結構的結合，產生了驚人的發展潛能。美國第一條鐵路為巴爾第摩至俄亥俄鐵路，於1830年5月建成通車，全長僅僅21公里。此後的數十年裡，美國鐵路發展極為迅猛，到1916年時，美國鐵路總里程達到了約41萬公里，比1830年的規模增長了近2萬倍！

　　隨著治理結構的進化，「巨無霸」企業開始不斷湧現。事實上，世界500強中除了少部分國有企業，絕大多數都採用了這種新型治理結構。

　　美國著名的企業史研究者、管理學大師小艾爾佛雷德‧杜邦‧錢德勒指出，企業能力就是企業組織起來的物質設備和人的技能的集合。這句話深刻地道出了企業發展的核心倚仗——技術的進步和如何激發企業職員的能力。

2. 不斷碰撞的價值觀與企業發展的原動力

　　不同治理結構下的企業有著完全不同的內在推動力。

　　具體而言，無買家治理結構下的家庭（族）企業，是企業「幼年期」的形態，其核心特點是依照血緣關係分配生產資料和經營所得，成員之間存在著牢固但僵化的利益關係。在商業發展的初級階段，由於生產力還不夠發達、手工業佔據主流，這樣的企業能夠依靠內部團結順利生存及發展。在生產力發展和企業規模擴大後，這種已經固化的利益共同體、按照血緣（統）分配的模式，不利於調動大部分企業員工的積極性、不

利於企業整體能力的提升，因而在競爭中逐步讓位於一買家治理結構企業。

一買家管理結構的企業破除了家庭（族）企業的內部利益共同體，為所有員工提供了晉升空間乃至於獲取期權分紅的可能，這極大地激勵了員工的積極性，進而有利於企業在社會化大生產模式下的發展與繁榮。然而，一買家治理結構，在長期實踐過程中，也逐漸顯露出其古板、局限的一面：在這種結構下，員工依靠業績獲取獎金，而獎金，屬於企業內部的「存量」資源，因此也不可避免地導致了內部傾軋和消耗。現代社會，人員的流動是自由的。一買家模式企業，除非在特定行業形成壟斷，例如壟斷性的國有企業，否則，優秀員工很可能對千軍萬馬擠獨木橋的競爭模式不滿，進而跳出圍牆、另起爐灶，開創新的企業，作為新的買家與以前工作過的企業競爭。

多買家治理結構創造了目前最佳的分配模式。企業以期權而非獎金激勵員工，企業成員的目光會更長遠、將注意力更多地投向「增量」，因為企業股權的增值意味著個人期權的收益增加。同時，因為股權的動態變化，每個員工都有機會成為「買家」。在這樣的願景下，其主觀能動性自然更強，願意全心全意地為企業創造價值。再者，讓企業內部的優秀員工，和老「買家」一起「推杯換盞」，可以有效地降低他們的創業衝動，免得這批能人跳出去組建新公司、從外部與公司進行競爭。總而言之，企業內部的多買家分配體系，可以讓企業的目標與員工的利益更加一致，有效提高企業的競爭力，讓企業發

展始終走在快車道上。

　　不同國家因為其歷史變遷的差異、文化背景的區別，會產生不同的價值觀。員工加入企業之後，對公司運轉是否合理的評判，也會因為基礎價值觀的差異出現較大的區別。比如，中日美三國的企業，就呈現出了三種企業文化價值觀。這是一個頗為有趣的、值得探討的現象。

　　日本處於無買家社會的時間非常悠長，直至到德川幕府於1867年倒臺，日本才進入明治天皇大一統專制。日本是現代發達經濟體國家裡唯一的無買家社會形態延續時間最長，並留存至十九世紀末期的。這對日本企業的價值取向產生了非同一般的影響。目前，世界上最古老的兩家家族企業都在日本（金剛組和粟津溫泉酒店）。日本國民普遍認可無買家治理機制的社會大環境，是這些家族企業延續數百年甚至上千年的一個重要因素。

　　無買家社會的核心價值觀，是對血統的認可，也就是對資格的認可、對既有規矩的認可。這種潛在的價值觀，在當代日本社會仍然十分普遍，以至於整個日本社會看起來特別祥和，國民特別守規矩，極少出現僭越的行為。

　　具體到企業，日本企業裡論資排輩的現象，至今仍然十分嚴重，其嚴重程度遠遠超過中美企業。早期的企業管理學研究者，會把這種現象歸結為「東方文化特色」。然而，中國是東方文化的核心區域，但企業內部論資排輩的程度卻遠低於日本。因此，可以從中判斷出，這種論資排輩的現象跟東方文化

應該關係不大。之所以會出現這種現象，是因為日本長期處於無買家社會，對於以血緣為紐帶的利益共同體格外重視，以至於「注重血統」幾乎成了國民固有認知，注重血統的價值觀，轉變成企業裡對資歷和上位者的天然認同。

而一買家社會延續了近兩千年的中國，企業的價值認知則呈現出了另外一番景象。一買家社會的核心特徵，是對能力的認可。只要能力出眾，受到買家的賞識，其職位上升是沒有太多血統限制、在「一買家」模式的固有體系裡，也是擁有無限可能的。

「王侯將相，寧有種乎？」「舊巢共是銜泥燕，飛上枝頭變鳳凰。」「指點江山，激揚文字，糞土當年萬戶侯。」這些話語，幾乎每個中國人都念叨過；字裡行間對血統的蔑視、對能力的推崇，更是激勵著一代又一代年輕人。

不過，正如前文所說，對能力的評判非常主觀，近乎取決於「買家」，也就是企業的管理層。普通員工作為賣家，為了避免自己的能力被埋沒，核心訴求一直是一個能夠公平展現能力的機制。首席執行官（CEO）是現代企業的一把手，也就是充當公司「買家」在內部的唯一代理人角色的首席執行官（CEO），經常會遇到公平性這一個課題。

我們可以舉一個在中國企業裡經常出現的問題作為例子。

一家綜合日化類公司，有兩個事業部：一個負責衛生用品，如香皂、消毒液、衛生紙，另一個負責彩妝用品，口紅、粉底液、定妝粉之類。CEO會通過定期設置業務目標（KPI）

來判斷兩個部門的運營狀況，再從公司的盈利中拿出一部分作為獎金，獎勵達成目標的部門。

假設 2020 年初，CEO 跟以往一樣設置了部門的年度利潤目標作為 KPI，各部門達成目標後，超額部分的 20% 作為部門獎金。然而，沒過多久，由於全球爆發了新型冠狀病毒。隨著疫情的蔓延，人們越來越注意個人衛生、逐漸習慣遠端辦公等新型生活方式，相應的，對衛生用品的需求爆發式增加，對彩妝用品的需求則將至冰點。面對這種局面，對於彩妝部門來說，因為實際情況的變化，不管他們如何努力，都有可能完不成目標，在這種不可抗力的前提下，大家累死累活一整年，卻一分獎金都拿不到，又怎麼稱得上公平呢？於是，在 6 月份半年回顧時，彩妝部門的副總裁向 CEO 提出了獎金方案應該公平的申訴，其核心申訴理由是：彩妝部門一直以來業績都很突出，也是人才培養和團隊建設最出色的部門，這次業績不達標，不是團隊能力不足或團隊進取心不足導致，完全是外部環境之中出現了千年一遇的疫情所導致的，考慮到不可控因素的影響，獎金方案應該重新梳理，更多地以員工努力和能力方面的因素為參照。

CEO 在聽取提案後，經過慎重考慮，修改了 KPI 和獎金方案的考核標準。衛生用品部門的目標大幅度調高了，同時提成比例做了下調，模擬測算的結果，業績比年初的目標大幅增長達到年初目標的 2.5 倍，獎金是年初的假設獎金的 150%，不是這麼「離譜了」；彩妝部門的目標下調，獎勵適當縮水，

業績目標變成年初的 50%，獎金測算預估能達到年初的 65%。

衛生部門的副總裁在看到新的提案後，表示理解公司根據實際情況做的調整，他們部門會繼續努力工作，同時表示一定會做好部門的團隊建設，持續提高團隊的業務能力。彩妝部門的副總裁表示對公司的調整無條件的支持，對公司能夠認可彩妝部門的團隊能力感到非常的開心，要求自己部門加倍努力，爭取在不利的市場環境下，超額完成調整後的部門指標，爭取多拿獎金。

聽著兩位猛將的宣誓，CEO 感到非常寬心。經過調整，新的業績激勵方案更加公平，更加能夠驅動兩個部門揚長補短，不但今年無憂，明年也可期待。這是一種典型的中國企業的做法——比起單一成就的認可，管理者更重視對人的認可。

一切盡在買家的掌控中。

通過這個案例可以觀察到，中國企業內部更加注重能力，企業領導對人本身的認可超過對其所創造價值的認可。由此觀之，儘管中國已經在逐步向現代化轉型，但是這種一買家社會遺留下來的思維模式依然根深蒂固。譬如中國企業中對「老同志」的認可，不單純是日式的年齡認可，更多的可以看作對經驗的認可，而經驗，相當於能力的一個子維度。管理者傾向於認為，老同志經驗豐富，練得多、能力強。換句話說，年紀帶來的資歷，往往會被管理者換算成能力，進而用來評估其地位。

在幾乎只存在過多買家社會的美國，情況又有所不同。

美國人以結果論英雄。不管一個人出身如何、能力怎樣，甚至運氣幾何，最終的結果直接決定了他能否獲得認可。上面中國企業的例子，如果發生在美國企業中，絕大部分美國企業高管能夠平和地接受「倒楣的結果」，振作精神、明年再來。同時受到上天眷顧的幸運者，也心安理得地享受老天的眷顧，明年繼續努力，希望再被金蛋砸中。他們相信，不管過程中發生了什麼事，最初約定的規則與最終規則所導致的結果才是最重要的。因為「多買家社會」，是以契約精神為內核、以個人的努力為基準的一種分配方式，每個人都可以把自己看成是企業的主人，只要達到一定的條件，就能參與分配方式，成為其中的一名「買家」，作為「買家」的企業管理者，也會把新冠疫情這種意外看成是風險的一部分，是需要自己承擔的，只需要等到好的年景，就有機會翻盤了。

3. 現代中國企業的演進

2012 年 8 月 25 日，美的創始人何享健卸任美的集團董事長，擔任美的控股有限公司（美的集團控股股東）董事長；方洪波擔任美的集團的董事長。在新一屆美的集團董事會成員中，何享健唯一的兒子何劍鋒僅以董事身份出現。這標誌著美的完成了職業經理人和企業創始人的交接，開創了中國家族企業轉型、由職業經理人「接力」企業主舵手的先河。

美的集團是中國最知名的家電巨頭之一，源於何享健

1968 年一手籌辦創立的「北滘街辦塑膠生產組織」。截至 2017 年，美的集團員工達 13 萬人，擁有中國最大的完整空調、冰箱、洗衣機、微波爐和洗碗機產業鏈，以及中國最完整的小家電、廚房家電產品群，旗下擁有美的、小天鵝、華凌、威靈、安得、美芝等十多個品牌。

作為創始人，何享健在美的集團內部有著極高的威望。他非常重視人才，給職業經理人的權責與報酬在業內首屈一指。在美的，二級集團的總裁年收入在千萬級以上，事業部層面的管理崗位不低於百萬級；而事業部總經理不僅擁有所負責產品的研發、採購、生產、銷售等環節的全部權力，甚至還可以有幾千萬元的投資審批權。

1992 年加入美的集團的方洪波，對於公司的發展貢獻巨大。他就任空調事業部國內營銷公司總經理時，大膽提出「銷售向行銷轉變，生產製造向顧客需求轉變」的理念。在他的帶領下，美的空調銷量增速達 200%，奠定了美的在空調行業一線品牌的地位。除了方洪波，何享健採用競爭性的接班人培養模式，先後提拔了黃健、蔡其武、袁利群、黃曉明、栗建偉、李飛德等一批優秀的職業經理人。2013 年美的集團上市後，他們都成為公司的董事會成員——也就是說，10 位董事會成員中，除了何享健、何劍鋒父子之外，剩下的近乎全是職業經理人。

美的集團為轉型設立了完善的激勵和監督制度。集團通過整體上市和合夥人計畫對職業經理人進行激勵；同時，通過不斷完善公司治理結構對職業經理人進行監督。

整體上市實現了職業經理人股權市場化。根據測算，在美的集團整體上市後，管理層持股比例高達 11.27%，以整體上市美的集團 44.56 元／股的換股價測算，價值高達 84.66 億元。整體上市使管理層持有的非流通股市場化，帶來了巨大的財富效應；同時，促成對職業經理人績效考評的市場化。此外，美的還通過合夥人計畫實現對職業經理人的長期激勵。「美的合夥人計畫」每年滾動推出，每期持股計畫與公司業績考核指標掛鉤，鼓勵核心管理團隊長期服務、激勵長期業績達成，促進公司可持續發展。

　　美的上市使管理層股權實現證券化。在上市之後，美的集團實際上已經實現由實際控制人、公司的管理層、戰略投資者和流通股東多方共有、四方制衡的局面。

　　美的集團整體上市方案提出一個月後，累計超額收益率為 31.87%。這個資料表明，美的電器整體上市方案的安排得到了市場的高度認可。在實施合夥人計畫、限制性股票期權激勵、期權激勵計畫之後，企業保持了營業額高速增長的態勢。2016 年，美的首次進入世界 500 強，排名 483 名，2020 年就變成 307 名，提升之快令人側目。2019 年美的全年營業收入 2782 億元，居中國家電行業第一位。截至 2020 年 1 月 31 日，美的集團的專利申請總量達 92759 件，其中發明專利 37852 件、實用新型專利 42704 件，專利授權總量 67179 件，均居家電行業第一位。

　　可以說，美的集團實現了企業管理結構的完美轉型。從無

買家模式的家族企業，到一買家模式的職業經理人企業，再到
職業經理人轉換角色成為內部「買家」的多買家模式的企業，
現代化的轉型讓企業煥發出了更強的生命力，給與企業長久、
強勁的發展動能。

4. 現代視角下的企業發展

多買家治理模式下的企業，獲取的發展動能最大，因此成
功的機率最大。不管是中國還是國外的知名企業，都印證了這
一點。

如今的中國，不僅是一個互聯網大國，而且是一個互聯網
強國。阿里巴巴、騰訊、攜程、網易等名字，可謂如雷貫耳，
即使小學生都知道。那麼，你知道這些企業是何時創立，又是
如何經營發展的嗎？

騰訊公司創辦於 1998 年 11 月，攜程旅行網創辦於 1999
年 6 月，同年 3 月，馬雲創立阿里巴巴，這一年的年底，丁磊
將網易從一個軟體銷售公司轉變成門戶網站⋯⋯這些基本上算
新世紀的企業，為什麼能夠在短短的十多年時間，超越無數前
人，成為中國人為之驕傲的企業？

如果將目光投向 2000 年前後，很容易注意到這年發生的
一件大事：經過多年艱辛的談判，2001 年 12 月 11 日，中國正
式加入世界貿易組織（WTO）。

世界貿易組織是一個獨立於聯合國的永久性國際組織，

總部位於瑞士日內瓦。如果將世界比作一件商場，世界貿易組織相當於商場的管理者——它為全世界的貿易活動，設立基礎的組織架構和法律標準；對於各國之間的貿易協定，它是管理者、監督者；如果各國陷入貿易糾紛，它還負責進行協調、提供談判的場所。

對於中國的互聯網企業而言，這意味著兩件事：首先，中國必須按照 WTO 的要求，通過立法、監督等方式，樹立新的商業法律、商務邏輯，而它們可以依靠這些，完成向現代化企業制度的轉型；其次，中國的市場將進一步對外打開，外國的企業也將更容易進入中國，因此，它們可以更好地吸收國外資源，先進技術、管理經驗和國外資本。

向現代化企業轉型，就是從一買家模式向多買家模式轉變。正如前面說過的，在一買家模式下，員工們爭奪企業內部的存量，而在多買家模式下，員工們可以擁有股權，從企業的增量中獲益。試想一下，如果你是一名剛從名校畢業、躊躇滿志的年輕人，你是願意去爭奪存量，還是創作增量？或者換句話說，你是願意加入一個大企業，還是願意加入一個更容易獲得期權的初創團隊？我想，答案不言自明。

假如將多買家模式比作企業的根骨，那麼先進技術、管理經驗，尤其是國外資本的湧入，就像為企業添上了強健的肌肉。在加入 WTO 之前，融資是個老大難問題。如今家大業大的騰訊，都有過因為融資困難而想要放棄的時候。加入 WTO 以後，風險投資（VC）機構、私募股權投資（PE）湧入中國，

在很大程度上解決了企業融資的難題。及至 2006 年，《新合夥企業法》通過，使得國際 PE 基金普遍採用的有限合夥組織形式落地中國，本土的投資機構也開始崛起。

在多買家模式下，創始團隊的每一個成員都可以拿到股權，進而成為新的買家；而投資機構只問結果，市場只相信結果，這種以結果論英雄的文化，使得每個買家都絞盡腦汁發揮自己的聰明才智。——有了骨骼和肌肉，企業才有可能快速發展。

實際上，所有我們耳熟能詳的互聯網企業，都是在多買家模式下騰飛的。截至 2020 年底，騰訊市值超過 4.5 萬億元，在全球排名第六，阿里巴巴緊隨其後，排名全球第七，市值也達到了 4.2 萬億元。

我們可以單獨說一說騰訊。《騰訊傳》中提到過，騰訊能從一家小小的公司，發展為今天的互聯網龍頭，得益於七種武器：產品極簡主義、使用者驅動戰略、內部賽馬機制、試錯反覆運算策略、生態養成模式、資本整合能力、專注創業初心。其中，內部賽馬機制，就是在公司內部，依靠多買家模式調動員工的積極性。

馬化騰曾在 2017 年財富全球論壇上與《財富》雜誌執行主編亞當・拉辛斯基的對話中說：「騰訊推的是去中心化的賦能，我們不會讓你來我這租櫃檯做生意，而是你自己建這個房子，建完以後就是你的，你的粉絲、你的客戶以後就是你的了，不需要再交月租，不需要每年漲價，這就是去中心化。」

「去中心化」就是一個典型的多買家模式的運營機制，每個團隊都為自身的發展負責，通過自身的發展的結果而不是通過得到企業領導者的首肯而獲益，這樣的團隊所迸發出來的潛能是驚人的。

2002 年，騰訊迎來了四歲生日。這一年，QQ 註冊用戶數突破了 1 億大關，成為中國最成功的聊天軟體；另一方面，面對著海量用戶，騰訊卻找不到合適的盈利模式。

一位新入職的產品經理提出，騰訊可以效仿國外的網路社區，推出虛擬商品。韓國有一個叫作 sayclub.com 的社區網站，開發了「阿凡達」功能：使用者通過充值購買道具，進而根據自己的喜好，裝飾乃至更換自己的虛擬形象。統計顯示，這一功能十分受年輕人歡迎。

雖然他來自於市場部，而不是負責研發新產品的部門，不過，聽了他的建議之後，騰訊管理層一致同意啟動項目，並且，任命他為項目負責人，抽調程式師和美工進行配合。

這一功能，就是今天我們耳熟能詳的 QQ 秀。僅僅上線半年，它就有了 500 萬用戶，為騰訊帶去 2500 萬元的營收。

QQ 秀的成功奠定了騰訊賽馬制的基礎。此後，「誰提出，誰執行」「一旦做大，獨立成軍」成為騰訊內部不成文的規定。騰訊在移動互聯時代最成功的產品之一——微信，即出自團隊內部孵化，由張小龍率領廣州微信團隊研發，並依靠這個產品成就了快速發展的廣州騰訊科技有限公司。如今，微信已經成為了名副其實的國民軟體。每個人的手機上都有，每個人都依

靠它與親友聯絡；再小的商店，也會掛著一張二維碼，以便顧客用微信進行支付。

當然，「多買家機制」絕不是說說就行的。在辦公室貼幾條標語、在會議上給員工畫幾張大餅，或許能得到員工一時的效忠；時間久了，有沒有可能成為新的買家，才是影響員工積極性的決定因素。在這裡，我願意以自己的創業經歷為例子，談一談多買家機制的實現。

2005 年，我預計隨著人們收入的增高和對旅遊熱情的日益增長，經濟型酒店將會在未來的市場中佔有一席之地。於是，我引入了風險投資，創辦了 7 天連鎖酒店這個品牌。2009 年，7 天成為第一家在紐交所上市的中國酒店集團，2011 年，7 天酒店的門店突破 1000 家，會員人數達到了 3000 萬。

如果以結果而論，7 天酒店是極其成功的。不過，如家、漢庭等酒店也都是「千店俱樂部」成員。7 天連鎖酒店如果不擴張，很容易被對手打敗；但如果 7 天連鎖酒店盲目擴張，隨著酒店數量的增加，單家酒店的利潤難免越來越微薄。在這樣的情況下，我決定重新出山，再次創業。2013 年，聯合原「7 天」股東何伯權，以及著名投資機構凱雷集團、紅杉資本，我們共同創辦鉑濤酒店集團，並將 7 天連鎖酒店私有化。鉑濤集團不是一家大的連鎖酒店，而是一個酒店平臺。

首先，我在鉑濤推動平臺內創業。一方面，品牌先行，誰能想出好的創意，誰就可以帶領一個團隊；另一方面，一次性推出幾個品牌，讓它們一起「賽跑」，接受市場的檢驗。

其次，充分發揮集團的平臺功能。7天連鎖酒店與一般的酒店不同，沒有複雜的價格體系，只有會員價、非會員價兩種價格。因而，回頭客非常多、會員數量極其龐大。可以這麼說，事實上，會員資源是7天酒店最寶貴的財富。在內部賽馬的基礎上，我將7天酒店的會員資源進行整合，開放給各個子品牌，為它們提供全力的支持。

最後，一個企業要發展，需要為每一個新的買家提供足夠大的蛋糕。鉑濤集團實行6-2-2機制，即是說，新創業的品牌公司的股權分為三部分，集團投資持有60%，集團高管投資持有20%，最重要的創業團隊投資持有20%的股份，且鉑濤集團根據業績發放品牌公司的期權。如此一來，擁有創意、願意持續改進的團隊，可以充分享受品牌公司做大的好處。集團高管也會關心和推動新品牌的建設，而鉑濤集團本身作為最大的股東，獲得這些品牌成功的最大紅利，同時也值得把集團的資源分享給這些新創業的品牌，支持新創業品牌。

2013年7月，鉑濤集團正式成立，一次推出包括麗楓酒店在內的四個中端子品牌。當時，很多人表示不理解。但如今回頭再看，會發現鉑濤集團旗下的麗楓、喆啡、希岸等三個中端品牌，都進入了中國中端酒店十大品牌；麗楓酒店更是以1800家店的規模，成為中國第二大中端連鎖酒店品牌。

總之，如何激發內部潛能，是一門藝術。多買家分配機制下的企業，可以讓企業和員工同步，一榮俱榮、一損俱損，從

而大大促進員工發揮主觀能動性，讓他們為企業和個人發展貢獻最大力量。而要想建立和維持多買家機制，就必須考慮公平性問題。只有公平合理而又能嚴格執行的制度，才能保障努力的團隊或員工獲取應有的回報，也只有這樣的制度，才能使人發揮自身最大的潛能。

第十四章・人類的未來：
社會發展規律的終極解碼

社會的未來是什麼形態？

對於未來社會的預測可能是人類最難回答的問題，同時是人們最感興趣的話題之一，甚至還出現了「未來學」這樣專門研究這個問題的學科。

未來學中人們的研究預測包含社會、科學、技術、經濟和軍事等方面的預測。然而這個預測並不容易，由於變數太多，人類無法建立起可靠的數學模型，只能憑藉過往的歷史經驗和總結出來的社會規律去進行推斷。事實證明，這些推斷往往是不準確的，因為新的事物和情形總是不斷出現，成為新的影響因子。未來就像是一個巨大的「黑箱」「盲盒」，充滿了不確定性。

在人類歷史上，只出現過三種認知：無買家社會「按血統分配」的認知，一買家社會「按能力分配」的認知，以及多買家社會「按結果分配」的認知。而未來會不會出現更具合理性的分配機制和新的認知，我們難以確知。或許，我們可以審視以往三種社會的進步願景，看看是否可以從中找到某些啟示。

1. 三種社會的進步願景

在所有的能力贖買社會模型裡，多買家社會對人類社會的推動進步是最快速高效的。

從能力贖買的社會機制上來說，人類歷史上最偉大的三位變革家是商鞅、穆罕默德和華盛頓，他們在各自的時代裡開創了全新的社會機制，使他們所在的國家、民族和種群走上了強盛之路。

商鞅的變法最核心的內容是通過廢除爵位世襲、井田制和縣制，將社會財富及其分配權全面集中在秦王手中，並頒佈二十等爵制度，按軍功行賞，將爵位、土地等社會財富用來獎勵有戰功的戰士家庭。這樣直接破除了當時社會按「血統」來分配社會財富的慣例，打開了秦國平民的上升通道。

在秦孝公對變法的鼎力支持之下，秦國最終打破了貴族的特權，正式開啟了「一買家社會」在中國的開端。商鞅變法使得秦國民眾迸發出強烈的上升意願和強大的上升動能，秦國國力因此迅速增長，並擁有了一支在戰場上「橫掃六合」的無敵軍團，崛起為戰國七雄中綜合實力最雄厚的國家。同時，秦孝公的長期掌權也使得這種分配機制深入人心，牢固樹立起全體秦國國民「按能力分配」的認知基礎。這些都為百年後秦王嬴政一統天下奠定了最重要的基石。

商鞅變法深刻地影響了中國數千年的歷史進程。秦王朝統一後，舊六國民眾對於「按能力分配」的認知並不統一，新生

的大一統王朝面臨著一個巨大的治理難題，這也成為王朝崩潰的原因之一。其後的漢王朝在漢武帝時，繼承了一買家機制，並借助「獨尊儒術」為一買家社會建立了認知基礎，並逐步形成了中國大一統王朝的最終範式。

商鞅變法開了中國一買家制度的先河，也極大觸動了當時貴族的利益，引發了強烈的不滿。商鞅的死在一定程度上可以說是反對力量的反噬。在這個意義上，他可以稱得上是一位開創新制度並為之殉道的先行者。

商鞅所留下的精神遺產，讓中華文明受益兩千餘年。中華文明能夠在兩千年時間裡延續不斷，並在十多個世紀內成為世界上最先進、最繁榮的文明之一，商鞅創立的這種獎勵模式起到了關鍵作用。商鞅作為歷史上最偉大的三位社會變革家之一，可以說當之無愧。

穆罕默德同樣是古典時代的偉大社會變革家。他在創立伊斯蘭教之初，面對的是一盤散沙、資源匱乏的阿拉伯以及生活在這篇土地上的眾多弱小部族。當時貧瘠的阿拉伯半島上多神教盛行，貴族把持了本來就為數不多的社會財富，廣大民眾付出再多，地位和財富也無法得到提升。

穆罕默德在麥迪那制定了《麥迪那憲章》，徹底改寫了阿拉伯文明史。穆罕默德通過《麥迪那憲章》，以伊斯蘭教共同信仰代替部落血緣關係，所有信徒一律平等，並向真主安拉和先知穆罕默德效忠。作為伊斯蘭教信徒的阿拉伯戰士在征戰中可以獲取財富，並在死後進入「天堂」。

新的分配機制是解救窮苦人民、釋放社會潛能的一劑良方。憑藉強大的號召力，穆罕默德可以說一呼百應。他率眾擊敗了麥地那的貴族，建立了政教合一政權，並在之後統一了阿拉伯半島。

阿拉伯半島上的「一買家社會」由此建立。和其他君權「一買家社會」有所不同的是，民眾所效忠的不僅是在世的先知，還有心中的神祇。信仰的動力比俗世間獲取財富的動力更加充沛，這使得阿拉伯帝國超越了普遍存在的君權的「一買家社會」，成為動能激勵作用更強的神權「一買家社會」。

在進入「天堂」和獲取財富這兩種美好願景的共同激勵下，阿拉伯半島上的新勢力迅速擴張成一個龐大的帝國，讓地中海成為阿拉伯帝國的「內海」。而穆罕默德留給後世更重要的東西是這種前無古人的社會機制，這種機制成就了阿拉伯帝國、奧斯曼帝國等一系列偉大的伊斯蘭國家，讓其在亞歐大陸上的強大影響力一直持續到近代。

在三位社會變革家中，華盛頓離我們時代更近，其帶來的影響力也更大。以華盛頓為首的美國的先驅者們在北美大陸上創建了一個相對來說更加平等和公平的社會機制，成為第一個「多買家社會」的奠基者。

當時的北美大陸是一片「自由之地」，沒有舊大陸傳統強權的制約。奔赴這片新大陸的清教徒們也因此建立了一個發展空間相對更加廣闊自由的制度。這種制度是一個各方利益妥協和調和的結果，既有著多方監督和制衡的機制，同時也能夠賦

予各方「自由生長」的權利。

華盛頓和美國的其他開創者所制定的《獨立宣言》，很好地體現了這種平等主義、結果導向的精神。《獨立宣言》宣稱：人人生而平等，人人均有生命、自由和追求幸福的權利，政府是為了保障這些權利而設。政府的權力也因此需要受到制約，從而保障社會財富分配的公平性。為此，美國的建立者們設立了三權分立的制度，最大限度地制約著政府的權力。

這些開創性的制度設計成為人類歷史上第一個「多買家社會」的制度基石。美國建立後的兩個多世紀裡，「美國夢」成為美國賴以強大的基礎。沒有固定的「買家」，人人都可能成為「買家」，以結果論英雄等，這種模式顯現出了它強大的激勵效能，聚攏了來自全球的頂尖人才，推動美國在短短兩百多年的歷史中從一個孤懸於北美的中等國家逐步發展成一個全球具有極大影響力的超級大國。

商鞅、穆罕默德和華盛頓都為一個強大國家或文明的建立奠定了根基。而站在全球史的高度來審視，他們所留下的更重要的遺產，是他們的制度設計。這些制度設計在整個世界範圍內的幾乎所有文明都打上了深深的烙印，甚至可以說塑造了全球各個文明的生態位，深刻影響了世界文明的發展進程。

「人民」的力量是最大的，誰更能激發出這個群體的最大潛能，誰就能在激烈的國際、種群競爭中獲得優勢。在一個國家裡，具有發展驅動力的人在社會中的占比體現了社會的發展進步程度，在多買家社會中最多人參與推動社會進步，從而帶

來更大的進步力量，使得社會所創造的財富呈指數級上升。

2. 效率與公平：多買家社會形態下的問題

雖然多買家社會能充分激發人的動能，但即使是到了多買家社會，其結果只是部分解決了問題。多買家社會的最大挑戰就在於：雖然整個社會中的成員都更有驅動力，總體效率也得到提升，但公平性卻無法完全實現，社會的發展不能使所有人受益，且導致貧富差距的不斷擴大。

關於財富創造的問題，從古到今很多哲人、經濟學家都進行了深度思考與分析。

馬克思認為資本主義生產模式儘管生產效率非常高，但是有自身完全無法解決的問題。那就是：資方獲得了遠超自身消費能力的財富，而勞方獲得的財富不足以消費整個產出，因此出現了有效需求不足的現象。長期的有效需求不足，必然導致這種生產模式無法繼續，從而導致社會的自我毀滅和整體破產。

目前來看，情況確實如此。但是馬克思也並沒有提出特別合理的替代方式。在之後的一百多年裡，純粹的計劃經濟在全球範圍內並未取得成功，也代表了市場化的資本主義生產模式，至少目前為止還難以被替代，仍然是效率最高的生產方式。

在 20 世紀的社會主義思潮下，西方整體對資本主義生產

模式進行了部分改造,比如構建福利型社會,增加底層民眾保障,避免他們因為不滿而動搖社會發展的穩定性,或是利用透支消費拓展需求邊界,緩解產能過剩問題,或是增加國家債務來平衡整個經濟需求不足的問題,以及採用混合經濟,讓全民持有股票、分享經濟成長的紅利等。

但這些措施都治標不治本,雖然大大減少了貧富分化的社會危害,延緩了矛盾的爆發,但是貧富分化趨勢依舊在加劇,並沒有解決根本問題。

凱恩斯和哈耶克對這個問題提出了截然相反的解決方案。凱恩斯認為政府必須積極介入,用增發貨幣、降低利率、投資基建、減稅和增強社保體系等方式來解決這些問題。哈耶克則認為需求不足造成經濟危機,本身是政府參與過多才導致的結果,用更深的政府介入去拯救,會帶來更大的問題。用權力拯救權力,得到的只能是更大的權力,權力的不斷擴大,會導致政府投資的份額越來越大,很容易把市場經濟變成計劃經濟。計劃經濟從來都是低效的,這時候,需要放任市場經濟自我恢復。

事實上,這個問題爭論到現在也沒有定論,因為並沒有找到真正可行的方法。而中國正在進行的先進地區向落後地區「轉移支付」、公平導向的國企與效率導向的私企並行等制度,就是在這方面的一種新實踐。2020 年中國的「脫貧攻堅」取得成果,從此中國人擺脫了絕對貧困,這是人類歷史上最大的奇蹟之一,也為我們開啟了新的思路。

3. 對未來的思考：終極危機與終極進步

多買家社會與無買家社會、一買家社會最大的不同，在於鼓勵社會成員追求社會總體的增量而非爭奪存量。

雖然多買家社會能啟動人們的創造力，卻也帶來了一個新問題：一味地鼓勵社會成員創造更多財富，對於增量無止境的追求，是否會超出地球有限的承載能力？

無買家社會與一買家社會其總的增量比較小，對自然界的損耗也相對較小。而多買家社會由於增量的迅猛增長，有可能就會超越地球承載能力和資源的邊界──一旦超出地球承載力，資源耗盡，再好的激勵也會顯得毫無意義。

人類的發展史，就是一部人類與自然資源之間的博弈史。一旦這種博弈失去平衡，後果將是毀滅性的。如果人類毀滅自然，也就必然會毀滅自己。可以說，多買家社會將去向何方，是一個值得所有人思考的問題。

或許，我們也可以設想另一種可能，類似超越地球承載能力的終極危機會不會促使我們實現終極的進步呢？

現在，新的「博弈」已經出現，譬如大數據與人工智慧技術的發展帶來了人與人工智慧之間的「博弈」──人工智慧在與人類最頂尖的圍棋高手對弈中，甚至取得了絕對優勢。這帶出來了另一個問題：隨著社會的發展，人工智慧是否會「參與」到社會分配機制的博弈之中來呢？另一個博弈則是人與太空的博弈。馬斯克致力於研究低成本飛出地球的項目，希望從

種構建出真正可持續運作的商業模式。這可能使得人類的生存空間向太空拓展，從而解鎖資源的上限，使危機得到解決。

如果終極危機得到解決，那人類下一個階段的進步又會是什麼呢？是無止境的財富增加，還是幸福指數和生活體驗達到頂峰？是構建人類命運共同體，還是飛出地球？是「創造」出新一代的矽基生物，還是人與機器的融合？

目前，這些都沒有確定的答案。生活在當下的我們，或許能從歷史中發現規律，去找到能夠窺探未來的依據。

參考文獻

司馬遷：《史記》中華書局，2006 年。

《商君書》，石磊 注譯，中華書局，2011 年。

睡虎地秦墓竹簡整理小組：《睡虎地秦墓竹簡》文物出版社，1978 年。

商承祚：《關於利簋銘文的釋讀——與唐蘭、于省吾同志商榷》，《中山大學學報（哲學社會科學版）》1978 年第 02 期。

《商周青銅器銘文選 一》文物出版社，1986 年。

《詩經》，王秀梅譯中華書局，2015 年。司馬遷：《史記》中華書局，2006 年。

張春龍 編：《湖南里耶秦簡》，2010 年。

《漢書》中華書局，2007 年。

鄒順康：《董仲舒「三綱五常」思想評析》，《道德與文明》2014 年第 06 期。

斯塔夫里阿諾斯：《全球通史》，吳象嬰等譯，北京大學出版社，2012 年。

《李維《羅馬史》選》，王敦書譯，商務印書館，1962 年。

阿庇安：《羅馬史（上卷）》，謝德風譯，商務印書館，1979 年。

愛倫・坡：《愛倫・坡詩選》，曹明倫譯，外語教學與研究出版社，2013 年。

劉琳琳：《古羅馬城輸水道、排水道的建設及其對公共衛生的意義》，碩士學位論文，東北師範大學，2006 年。

朱承思：《馬略軍事改革內容探析》，《蘇州大學學報》1989 年第 01 期。

聶文：《中世紀西歐流行病及其防治研究》，碩士學位論文，陝西師範大學，2016 年。

斯科特・克利斯蒂安松：《文件中的歷史》，王兢譯，北京聯合出版公司，2017 年。

Niels Christian Pausch and Christoph Kuhnt,「Analysis of Facial Characteristics of Female Beauty and Age of Mona Lisa Using a Pictorial Composition,」Journal of Advances in Medicine and Medical Research,（June 2017）, pp. 1–7.

張愛珍：《西班牙君主與哥倫布的協議》，《九江師專學報》1991 年第 4 期。

《文明之光（第二冊）》人民郵電出版社，2014 年。

埃德・韋斯特：《1215：約翰王、貴族戰爭與《大憲章》》，譚齊晴譯，化學工業出版社，2021 年。

伽士特拉 Femme S. Gaastra：《荷蘭東印度公司》，倪文君譯，東方出版中心，2011 年。

羽田正：《東印度公司與亞洲的海洋》，林詠純譯，八旗文化，2018 年。

克里斯多夫・希爾頓：《五月花號》，王聰譯，華夏出版社，2006 年。

威廉・布拉福德：《普利茅斯開拓史》，吳丹青譯，江西人民出版社，2010 年。

斯蒂芬・康威：《美國獨立戰爭簡史》，鄧海平譯，悅讀名品｜化學工業出版社，2018 年。

Benjamin Woods Labaree, The Boston Tea PartyBoston：Northeastern University Press, 1979.

馬克斯・韋伯：《新教倫理與資本主義精神》，于曉、陳維綱等

譯，生活・讀書・新知三聯書店，1987 年。

謝耀輝：《日本太平洋戰爭失敗原因研究》，碩士學位論文，上海師範大學，2014 年。

楊合林：《陶侃及陶氏家族興衰與門閥政治之關係》，《史學月刊》2004 年第 07 期。

黃明光：《明代科舉制度研究》，博士學位論文，浙江大學，2005 年。

大衛・杜根、薩利・杜根：《劇變》，孟新譯，中國科學技術出版社，2018 年。

賈鴻彬：《小崗村 40 年》江蘇鳳凰文藝出版社，2018 年。

光明日報編輯部編：《紀念真理標準問題討論 30 年 實踐是檢驗真理的唯一標準》光明日報出版社，2010 年。

葉明勇：《從現代化視角解讀《中共中央關於加快農業發展若干問題的決定》》，《古今農業》2010 年第 01 期。

周乃翔：《踐行初心使命 奮力建成火神山雷神山醫院》，《建築》2020 年第 15 期。

陳朝陽等：《以科技力量成就抗「疫」的「中國速度」——中建三局武漢火神山、雷神山醫院優質高效建成背後的秘密》，《建築》2020 年第 06 期。

時代週刊編輯部：《鄧小平，中國新時代的形象》，《時代週刊》1979 年。

三谷博：《黑船來航》，張憲生、謝躍譯，啟微・社會科學文獻出版社，2017 年。

張岩、黃定天：《近代中、日、朝「被迫開國條約」之比較》，《社會科學戰線》2010 年第 09 期。

大隈重信：《日本開國五十年史（上下）》上海社會科學院出版

社，2007 年。

阪野潤治：《未完的明治維新》，宋曉煜譯，社會科學文獻出版社，2018 年。

隋淑英：《麥克亞瑟與日本「和平憲法」的制定》，《齊魯學刊》2008 年第 04 期。

楊立影：《荻生徂徠的憂患意識和社會治理思想》，《河北工業大學學報（社會科學版）》2015 年第 02 期。

張熹珂：《德川時代後期武士階層的社會流動及其啟示》，《探索與爭鳴》2015 年第 10 期。

楊春廷：《戰後日本景氣循環及當前經濟復蘇的特點》，《現代日本經濟》1996 年第 06 期。

李方：《怛羅斯之戰與唐朝西域政策》，《中國邊疆史地研究》2006 年第 01 期。

金宜久：《伊斯蘭教史》鳳凰出版傳媒集團，江蘇人民出版社，2006 年。

馬海成：《從《麥迪那憲章》看伊斯蘭教「求同存異」的包容精神》，《中國穆斯林》2011 年第 01 期。

牟鐘鑑主編：《宗教與民族（第六輯）》，北京：宗教文化出版社，2009 年。

《古蘭經》中國社會科學出版社，1981 年。

本報記者 路虹：《印度經濟復蘇曲折前行》，《國際商報》2021 年 11 月 25 日。

Pushp Patil et al., 「Understanding consumer adoption of mobile payment in India: Extending Meta-UTAUT model with personal innovativeness, anxiety, trust, and grievance redressal,」International Journal of Information Management, vol. 54,（October 2020）, p.

102~144.

梅特卡夫：《印度簡史》上海外語教育，2006 年。

歐東明：《印度教與印度種姓制度》，《南亞研究季刊》2002 年第 03 期。

胡登龍：《解析英國殖民統治下印度種姓制度的變化》，《黑河學刊》2015 年第 09 期。

陳贇：《國企管理如何學習淡馬錫模式》，《通訊企業管理》2021 年第 08 期。

進步的密碼
：由社會發展的動態規律，解碼人類社會的終極奧義

作　者／鄭南雁
美術編輯／了凡製書坊
內文圖片／shutterstock.com/ID：1963659103
責任編輯／twohorses
企畫選書人／賈俊國

總 編 輯／賈俊國
副總編輯／蘇士尹
編　　輯／高懿萩
行銷企畫／張莉滎　蕭羽猜　黃欣

發 行 人／何飛鵬
法律顧問／元禾法律事務所王子文律師
出　　版／布克文化出版事業部
　　　　　台北市中山區民生東路二段 141 號 8 樓
　　　　　電話：(02)2500-7008 傳真：(02)2502-7676
　　　　　Email：sbooker.service@cite.com.tw
發　　行／英屬蓋曼群島商家庭傳媒股份有限公司城邦分公司
　　　　　台北市中山區民生東路二段 141 號 2 樓
　　　　　書虫客服服務專線：(02)2500-7718；2500-7719
　　　　　24 小時傳真專線：(02)2500-1990；2500-1991
　　　　　劃撥帳號：19863813；戶名：書虫股份有限公司
　　　　　讀者服務信箱：service@readingclub.com.tw
香港發行所／城邦（香港）出版集團有限公司
　　　　　香港灣仔駱克道 193 號東超商業中心 1 樓
　　　　　電話：+852-2508-6231　　傳真：+852-2578-9337
　　　　　Email：hkcite@biznetvigator.com
馬新發行所／城邦（馬新）出版集團 Cité (M) Sdn. Bhd.
　　　　　41, Jalan Radin Anum, Bandar Baru Sri Petaling,
　　　　　57000 Kuala Lumpur, Malaysia
　　　　　電話：+603- 9057-8822　　傳真：+603- 9057-6622
　　　　　Email：cite@cite.com.my
印　　刷／韋懋實業有限公司
初　　版／2022 年 3 月
定　　價／299 元
ＩＳＢＮ／978-626-7126-01-1
ＥＩＳＢＮ／9786267126066(EPUB)

城邦讀書花園　布克文化
www.cite.com.tw　www.sbooker.com.tw